英雄浩气　凛然千秋

——一等功臣们的故事

李培乐　著

山东大学出版社
SHANDONG UNIVERSITY PRESS
·济南·

图书在版编目（CIP）数据

英雄浩气 凛然千秋：一等功臣们的故事/李培乐著. -- 济南：山东大学出版社，2024. 7. -- ISBN 978-7-5607-8322-2

I. K820. 7

中国国家版本馆 CIP 数据核字第 2024JS9812 号

责任编辑 李昭辉
封面设计 昕远文化

英雄浩气 凛然千秋
YINGXIONG HAOQI LINRAN QIANQIU
一等功臣们的故事

出版发行 山东大学出版社
社 址 山东省济南市山大南路 20 号
邮政编码 250100
发行热线 （0531） 88363008
经 销 新华书店
印 刷 济南华林彩印有限公司
规 格 710 毫米×1000 毫米 1/16
12. 5 印张 168 千字
版 次 2024 年 7 月第 1 版
印 次 2024 年 7 月第 1 次印刷
定 价 58. 00 元

序

历史尘封记忆，英雄永存心间。老山边境防御作战一晃近四十年了，当年的老山战地虽早已物是人非，但曾经的一草一木、一事一景都依然清晰记得，始终萦绕在心头。为了民族的利益、祖国的荣誉、人民的安居乐业，参战官兵以“亏了我一个，幸福十亿人”的胸襟，宁愿一腔热血流，不让祖国寸土丢，用鲜血和生命坚守着祖国的每一寸土地，用英勇无畏的铮铮铁骨谱写了一曲曲捍卫民族尊严的英雄赞歌！那浴血疆场的经历，是炮声、枪声、地雷声的回响，是血水、汗水、泪水的交融，是钢与铁的撞击、血与火的洗礼、灵与肉的较量，是最血性、最灿烂、最难忘的人生篇章！

历时一年半的阵地坚守，犹如生命长河中的一杯水，化作殷红的鲜血，一点一滴地融进了我的生命。那片火红的土地，那巍峨壮丽的山峰，那饱含生机的“生命之花”老山兰，那裹着血与火的硝烟，那用青春和生命铸就的不朽的“老山精神”，早已深深刻进了我的灵魂。书中采访记录的同志，有些我认识，有些不认识，但作为曾经并肩战斗的战友，我既为他们浴血奋战、冲锋陷阵的英雄事迹所震撼、震动，更为他们走出硝烟、回归生活的无名事迹所感染、感动。他们是那个时代卫国戍边的功臣，也是新时代奋斗奋进的典范；他们甘于平凡，竭力发光发热，为建设富强民主文明和谐美丽的社会主义现代化强国默默奉献。

历经风雨沧桑，“老兵”正在老去。为留存历史，传承精神，激励后人，李培乐先生始终奔走在收集英雄故事的路上，让亲历者讲述，让英雄们畅谈，让世人得以回望那段彪炳史册的峥嵘岁月，走近那些曾经甘洒热血保家卫国的“人民功臣”；作为一名参战老兵，我也借此机会向英雄们表示最崇高的敬意！

今天我们生活的新时代，是一个好人有好报的时代，是一个英雄有用武之地的时代，是一个崇尚英雄、宣扬英雄、关爱英雄的新时代。生活在这样一个伟大的新时代，我们更要始终秉承“老山精神”，不忘初心、继往开来，用忠心坚守初心，用生命践行使命，团结一切可以团结的力量，为早日实现“强军梦”“中国梦”而努力学习、努力奋斗！

参战老兵韦昌进

2023 年 7 月

（韦昌进，陆军少将，老山防御作战参战老兵，“战斗英雄”称号获得者，一等功臣，首批“八一勋章”获得者之一，现任海南省军区政治委员）

目　录

第一篇　一等功臣韦昌进：眼球被炸出后自己摁进去，呼叫炮火轰击敌军[①]

在武警济南支队演讲（李培乐摄）

2017 年 6 月 19 日上午，“战斗英雄”韦昌进走进武警济南支队，与武警官兵畅谈“老山精神”，讲述自己当年的战斗经历，而我当时也是坐在下边的一名听众。越了解，越敬佩，于是就有了采访他的坚定想法。1985 年 3 月到 1986 年 6 月，韦昌进随部队参加了老山前线边境作战，战斗中他的左眼被弹片击中，眼球掉出来依然引导炮兵多次打退敌军反扑。

① 此文写于 2017 年，收录进本书时有改动。

感觉眼前有肉挡着，一扯疼得嗷的一声

报告当天，武警济南支队会议室里座无虚席，官兵们都非常激动。因为，来作报告的是他们心目中响当当的英雄，一位真正的“战斗英雄”——韦昌进。

韦昌进，男，中共党员，江苏溧水人，1965 年 11 月出生，1983 年 10 月入伍，现任海南省军区政治委员，少将军衔。1985 年 7 月 19 日，韦昌进与战友们守卫在老山地区距离前沿阵地很近的一个高地上。在一次激烈的战斗中，他在战友有的牺牲、有的重伤的情况下，不顾自己右胸被弹片击穿，左眼球被弹片打出，全身二十二处负伤，强忍着剧烈的疼痛，呼叫炮火，打退了敌人十几次进攻。当敌人摸上阵地时，韦昌进用报话机向排长呼喊：“敌人摸上来了，快开炮！”对此，战友们竖着大拇指说韦昌进就是“活着的王成”。

韦昌进面容坚定，说话声音不大，但是有力。如果不仔细看，你甚至注意不到他的左眼是义眼。说起这次战斗，韦昌进记忆犹新：“当时敌人的一波轰炸过去之后，我们想应该很快会有第二波。”于是，他就和战友决定到洞里去躲一下。谁知还没有走到洞口，就听到炮弹飞来的呼啸声。“当时就感觉不好，我还没有来得及趴下，就感觉弹片从眼前飞过去了。”

他顺手一摸，自己的左眼处全是血，隐约就感觉自己的眼前有肉挡着。当时也顾不上许多，他想扯掉这块肉，“当时想着，别挡着我的视线，可用手一扯，疼得嗷的一声。”他仔细一看，原来自己的眼珠被炸出来了，“当时炸得正常的眼睛也都看不太清楚了，就只好先把眼球摁进去了。”

家人写信盼早回，却不知战友已牺牲在高地

当时，战斗还在继续，韦昌进转移到猫耳洞中，到了洞中就觉得右胸也疼，顺手一摸，沾了一手血，原来他的右胸已被弹片穿透，右臀部也被削去一块肉，韦昌进疼得昏了过去。事后才知道，韦昌进全身伤口多达二十二处。

不知过了多长时间，猛烈的爆炸声把韦昌进震醒了。他爬起来往洞口外面一看，越军嚎叫着冲了上来。战友吴东梅提着冲锋枪，一个箭步冲了出去，不料刚到洞口，敌人的几发炮弹就在洞口爆炸，碎石哗啦啦地倒塌下来，洞口也被堵塞。“当时他才二十岁，我就听到他最后说了一句‘哎呀妈呀’，再呼唤他就没有了动静。”吴东梅就这样牺牲了，在老山前线吴东梅还收到了家人的一封来信，“当时如果谁有来信，大家都争着一起看，真是家书抵万金，看到有战友来信就如获至宝。”韦昌进说大家就是想一起感受家人的爱。他还记得，当时吴东梅的父母在信中说，父母生病了，希望他能够早点打完仗回家。“我们都知道，如果情况不严重，父母肯定不会写这样的信到前线，应该是父母生病怕撑不到见儿子的时候。”然而，吴东梅却不幸牺牲了。

还有一名牺牲的战友叫江玉平，当时家里来信说家里发大水，但是他顾不上。“他是一名党员，牺牲前曾说过，如果我牺牲了，就在墓碑上刻上‘共产党员江玉平’。”

当时来不及悲痛，敌人还在往上冲。韦昌进用右眼透过洞口的石缝观察敌情，给炮兵指示目标，靠炮火打击敌人，坚守阵地。他拖着血肉模糊的躯体，从上午 9 点多钟一直坚持到下午 3 点多钟，炮兵根据韦昌进报告的敌情和方位，一连打退敌人十几次连排规模的进攻。

少了一只眼，刚回来时走路经常撞人

1985 年 9 月 16 日，负伤的韦昌进加入全国英模事迹报告团，在原南京军区作事迹报告。后来他去北京做了眼部手术，植入了义眼。1986 年 2 月，韦昌进重新回到老山前线，后于当年 6 月 8 日随部队回到济南。

眼睛只剩了一只，这对韦昌进的日常生活影响很大。刚回到大城市，他特别不适应，“过马路的时候，我头脑里没有那根弦，走着走着就撞到人，特别是转身的时候，可能对方觉着我应该有余光注意到他，所以也大意。之所以经常撞人，就是因为那时头脑中总觉着自己是正常人。”之后，韦昌进开始注意自己的视力问题，他转身或者拐弯的时候，就先停下观察，慢慢地才适应了。

作为战斗英雄，韦昌进并没有将自己的事迹时刻挂在嘴上。他说自己的妻子王萍是从自己的老领导口中才知道他的事迹的。韦昌进的妻子之前在解放军第 456 医院工作，是他妹妹的朋友，1994 年两人就走到了一起。“我妻子认识我后，从来没有问过我眼睛怎么了。”直到结婚后，韦昌进也没有告诉妻子自己的战斗经历。“有一次和妻子一起去看老领导，老领导就问，小王你知道昌进的事迹吗？在听到妻子说只听别人大概说过后，就仔细跟妻子讲了，这是妻子第一次完整知道我的事情。”

“回来后提干，去了信阳陆军学院上了三年学，1989 年 4 月回到青州我的老部队，后来做了十年的陆军学院教员。”韦昌进说，他回来后就告诉自己，过去的都过去了，要重新开始生活。

跟女儿讲战友的事迹，从不讲自己的事

韦昌进和妻子有一个女儿，2013 年高中毕业后进入军校读书，可

谓是“女承父业”。他说，女儿现在也是军人，他们一家是典型的军人家庭。

对于自己的战斗经历，女儿却所知甚少，“从来没有跟她讲过，平常也从来不讲。”韦昌进说，自己谈论战斗经历只有两种情况，一种是作事迹报告，另一种就是与并肩战斗过的战友在一起的时候。

“每年都会有十几位战友来找我叙旧，我们就会谈论当年的情景，如果女儿听到了，追问我，我也不再回答了。”韦昌进说，他觉着这一段历史对于他来说已经过去了，过去就过去了，他要以平常心去对待，他要讲就讲战友的事迹。

“日常还是日常，不能活在历史中，生活是向前的。”韦昌进希望每个人心中都带着英雄情结，去做好自己的本职工作。他也有遗憾，就是当时“7·19”战斗牺牲的两名战友，没有留下家里的联系方式，等他辗转找到他们家的时候，战友的父母已经去世了。

受重伤为何还在坚持?

武警官兵们听韦昌进讲述那战火纷飞的时刻时，非常的安静，用时任武警济南支队政治部主任孙建新的话说就是“时间过得特别快”。对于韦昌进的事迹，官兵们都深受感动和启发，“就像那时的场景在眼前一幕幕地闪过一样。”

担任济南警备区副政委的韦昌进（李培乐摄）

听完报告，有战士发问：“为啥受了如此重伤还在坚持?”对此，韦昌进回答说，向往生害怕死是人的本能，但是在当时的情况下，的确是顾不上考虑这些，“勇敢地决一死战，还有获胜和生存下来的机会，所以当时我请求‘向我开炮’

时，也做好了牺牲的准备，就觉着不能给祖国和人民丢脸。”即便是牺牲了，后人也会从中看到这种精神，从而深受鼓舞。

还有一个战士询问如何看待入选首批“八一勋章”获得者一事？对此，韦昌进坦言，自己没有想到能够入选，入选就是莫大的荣誉，毕竟战斗英雄太多太多。“我只是做了我应该做的事情，如果换作我的战友，我想他们也会像我这样做，我只是代表了当年参战的战友们。”最终，韦昌进成为共和国历史上首批十名“八一勋章”的获得者之一。

他说，是战友和祖国给了他第二次生命。“三十年来，始终以感恩的心对待任何人、任何事。想想牺牲的战友，能活下来还有啥不满足的！”韦昌进获得过很多荣誉，可他却说：“这些荣誉感觉挺沉重，我在心里不断告诉自己，不管有啥荣誉，始终保持自己的本色，一步一个脚印往前走。并不是说，有了荣誉就高人一等，我想的是用什么样的行动去对得起这些荣誉。”

“我都怀疑自己当时怎么能把眼球摁进去！”

对于当年战争的残酷，韦昌进说自己曾经和战友讨论过，如果现在让自己再去当时的阵地，他不知道自己还能不能坚持。“都在洞里，有的一待好几个月，头发长得像女人一样长。晚上躺下，身子底下像是能挤出水的潮湿，别说刷牙、洗脸了，洗澡也只能用雨水冲，衣服上有一层厚厚的泥巴，我们称之为‘泥夹克’。由于运送物资极其困难，我们都不好意思要生活用品。”

有一段时期，社会上出现了一些不和谐的声音，对黄继光和王成等英雄进行抹黑。对此，韦昌进有自己的想法：“他们评论是他们的权利，这是一个多元化的社会，我可以接受他们发声，但是我不能接受他们抹黑，他们丝毫不顾及当事人的立场，就出来大放厥词。我现在都怀疑我自己，当时怎么能够把眼球摁进去继续战斗，但是在当时的环境中，我确实是那样做了，事后想想，真是一种精神爆发的力量！”的确，置身于当时的环境中，看着战友一个个牺牲，看着敌人叫嚣着冲上阵地，热血男儿的热血怎能不沸腾！

“王成难道不想活着吗？要求向他开炮的行为是志愿军悲壮的选择，不要以为今天的生活是天上掉下来的，不要以为先烈的牺牲是无谓的，和平是军人的最终选项，但唯有战斗才能赢得尊严。”韦昌进说着，坚定地看了看窗外。此时，大街上已经人来人往，只是一个平常的下班时间。

韦昌进小传

韦昌进，男，中共党员，江苏溧水人，1965年11月出生，1983年10月入伍。先后被中央军委授予“战斗英雄”称号，被原济南军区表彰为“优秀党支部书记”，被八部委联合授予“全国自强模范”荣誉称号。韦昌进是首批“八一勋章”获得者之一，“改革先锋”称号获得者，曾获评“保卫改革开放和平环境的战斗英雄”，曾任济南警备区副政委，枣庄市委常委、枣庄军分区政委，广西军区副政治委员兼纪委书记，上海警备区副政委兼纪委书记，现任海南省军区政委。

第二篇　一等功臣王兆强：

我从不为荣立一等功而感到荣耀，只为能活着回来而庆幸

他是战时一等功获得者，却多次拒绝了疗养的邀请。他说："虽然生活曾经艰难，但是我从没有后悔过，也没有抱怨过，更没有向政府伸过手，甚至都不太愿意跟人提起自己的一等功奖章。"他就是济南高新区的王兆强，一位战场归来的荣获过一等功的钢铁汉子，也是一位在谈到父母时就泪洒当场的赤子。

王兆强（李培乐摄）

争强好胜的新兵

王兆强目前是济南高新区巨野河街道办事处的一名工作人员。虽然早已远

离军营，但是部队留给他的印记依然清晰明显。采访中，王兆强坐姿挺拔，说话干脆，一头短发显得干练清爽。

王兆强是家族里第一个当兵的，问起当兵的缘由，他给出了这样的回答：“上学的时候，教室里挂的都是黄继光、杨根思等英模人物，耳濡目染，就想和英模们一样，去当兵，去报效国家。”所以十七岁时，他带着坚定的意志选择参军。他难以忘记当时参军的情景：“父亲骑着自行车将我送到孙村公社，在大院集合时，很多人都哭了，分别的瞬间就有了想家的感觉。”说起这段经历时，王兆强眼圈立马就红了，他的思绪已经回到了当年分别的情景。

王兆强（左）和战友（李培乐翻拍）

就这样，在 1983 年 10 月，他成了某炮兵团的一员。在部队中，他不甘人后，通过加减数字的考核，顺利成为一名计算兵。“我当时非常争强好胜，考核低于全团前三名都无法接受，每天晚上练到 11 点，周末也不舍得浪费时间去玩。炮兵需要大量的计算，一次就带五六支铅笔，断了接着换。”没有白流的汗水，就这样，在当兵第二年，王兆强当上了班长，并且光荣入党。他不但在业务上力争上游，在日常生活中也是抢着干各种苦活、累活，挖大粪、种菜总是冲在前边。

带头写请战书的骨干

入伍期间，村里曾经邀请王兆强回村当村支书，但是热爱部队的他还是谢绝了乡亲们的好意，他觉着当兵从来不是为了“镀金”，而是要在部队的大熔炉里历练自己。因为谢绝了退伍，也就有了他后来参战的经历。

那是 1986 年 9 月，当时要赴云南参加对越防御作战的消息传到部队后，部队提出有特殊情况的可以退伍，比如家里老人生病的情况等。“我们一块儿当兵的人中有两人选择退伍，我作为党员骨干，不带好头能行吗？我写下了请战书，强烈要求参战，我觉着当兵不打仗，在一定意义上不是真正的军人。”虽然意志坚定，但毕竟才是二十岁的人，在出征前部队安排他们和家人见面。“坐火车走的时候，家属哭成一片，那真是生离死别呀！可是国家需要，我们义不容辞。”虽然是第一次参战，自己也紧张，可是在火车上，他还是给当年才入伍的新兵鼓劲：“你看着我就行，只要我活着，就会把你带回来。”

王兆强在前线（李培乐翻拍）

时间很快来到了 1987 年 3 月 25 日，这一天，王兆强作为首批接防人员，来到了一线最前沿偏马指挥所。当时作战工事狭窄潮湿，蚊虫特别多，厉害的时候皮肤一挠破就出脓。“吃饭难，吃水难，睡觉难，当时不少人都烂裆和患有严重皮肤病，可这就是战争，根本顾不上个人的事情。”看到呼啸而来的越军炮弹不时在指挥所周边爆炸，他也曾紧张过；看到受伤的、牺牲的战友被担架抬下去的时候，他眼里也曾流过悲伤的泪水。

他们部队进入战时状态后，王兆强回忆说：“我营为 152 榴弹炮，炮兵讲究快、准、狠，计算兵是炮兵的大脑，计算的速度和精度，直接影响射击的速度和精度。为抓住稍纵即逝的战机，提高战时快速反应能力，对本营负责的射击区域和纵深目标进行了区域划分和目标定位编号，独自完成了全营火炮从 A1 至 A4021 四千多个射击诸元的准备。”

不但如此，王兆强还根据老山地区气压、气温的变化规律，总结出一套简易快捷的气象修正方法，缩短了计算时间，对计算兵来说是一项发明创新，受到上级领导的充分肯定和嘉奖。“我在战场最前沿坚守偏马指挥所整整 13 个月，保障全营火炮大小 181 次炮击，从而使我营取得了摧毁敌火炮 12 门，毙敌 92 人，伤敌 18 人，摧毁敌工事 38 个，敌弹药库 1 个等重大战绩。与此同时，在指挥排长缺编的情况下，我履行代理排长职责，完成指挥任务，单独指挥炮击 8 次，每次都有战果。”

一战成名的英雄

1987 年 10 月 16 日，这一天王兆强所在榴弹炮营的营长到团部开会，恰巧当时越军对其阵地进行了猛烈炮击，规模之大前所未有，硝烟弥漫，弹片横飞。“当时最近的炮弹离着我 30 米爆炸，到处是呼呼的炮弹飞来的声音，真是感觉头皮发麻，瘆得慌。”战术素养极高的王兆强马上意识到，这也是消灭敌人炮兵的最佳时机，“他们开炮就暴露了自己的炮位。”关键时刻，王兆强临危不乱，让人员快速就位，捕捉敌人火炮阵地位置，调动全营三个连的火力对越军纵深四个目标进行压制，一时间火光冲天，炮声隆隆，耗时两小时，消耗弹药 774 发。

战斗结束，越军会通过无线电向上级汇报战损及人员伤亡情况。与此同时，我军通过高科技手段截获了敌通信内容，炮兵战果以此为确认依据。最后经过确认，王兆强所在的榴弹炮营取得了全歼敌迫击炮连 个，破毁敌人工事五个，毙敌营长一名的重大战果，此战开创了一名代理排长指挥全营射击的先例。也因此，王兆强所在的榴弹炮营五连被中央军委授予“神炮连”荣誉称号，王兆强也被集团军授予一等功。

之后的日子里，也时不时就遭到炮击。为了防止敌人夜晚偷袭，他们就布下地雷，挂好手榴弹，“可就是这样严密防卫，敌人居然也能摸到阵地上。有一次越军从山沟摸上来，我们扔了三箱手榴弹敌人才撤退。为了安全，当时每天都要换口令，口令不对就直接开枪。所以，我们晚上就以站岗为主，都不睡觉，白天的时候轮流睡觉。”

两次感染疟疾的硬汉

为了防止因病影响战斗力，参战前，每位参战人员都服用了很多预防药品。即便如此，严酷的战场环境还是让一些人感染了疟疾。王兆强在前线时就曾经两次患疟疾，因治疗不及时，发烧引发心肌炎，但他仍带病坚守阵地。“第一天下午两点发烧，一次发烧一两个小时，好了之后，第二天同一时间又发烧，医院距离三十多里地，只能忍着，后来烧得不行了，到了四十多度，浑身都没有劲了。”

王兆强（李培乐翻拍）

因为荣立一等功，王兆强得以在前线提干。“报军政治部，因档案文化程度是初中而没获批准，首长与我谈话，让我不要有思想情绪，毕竟这关系个人前途，但当时这些事在我心里真的不重要，重要的是我能活着凯旋与家人团聚。一人参战，全家光荣，也可以说一人参战，全家担惊，为这老爹老妈多少青丝变白发。”在部队，他收到的家里来信，更多的就是“好好的，注意安全”，他知道自己的家人都在牵挂自己。王兆强时常告诫自己和身边的战友，条件再艰苦、战场再危险也要坚持，活着回家才是对父母最好的报答。

他清晰地记着，从前线回到营房后，他连庆功会都不想参加，就想回家。“忍了几天，开完庆功会直接就飞奔到家了，到家后一句话都没有说，抱在一起，一家人都哭了。”说到这里，王兆强再次止不住地流泪，他还记得爹娘的第一句话是“好歹回来了”。

在生死未卜的战场上，王兆强也想家，也想老爹老妈。参战的十三个月是漫长的，可以说是度日如年，但他从没有退却。“我可以自豪地说，在战场上我也是好样的，我没有给家乡人民丢脸。但战场也是伤心的地方，战场情景不堪回首，想起牺牲的战友痛彻心扉。”幸运的是，王兆强没有受伤，他说：“那些受伤的、牺牲的战友才是真正的英雄！”

战争也给他留下了后遗症，“睡觉很不好，总是高度紧张，不能进入深度睡眠。有一次附近炸山，正睡着觉我一下就蹦起来了，还以为在打仗呢！”退伍后疟疾复发，当时孙村镇防疫中心高度重视，“不让我出门，防止传播，因为在北方此病绝迹，吃防疫药吃了三年。”

艰难也不伸手的赤子

1989 年 7 月，王兆强被安置在济南化肥厂，从事保卫和门卫工作。当时企业已经每况愈下，企业内部改制国家奖励的一级工资没有了。“随着国企改民企，我的‘铁饭碗’没有了，妻子 2000 年底因济南花岗石厂改制失业，老家分钱也没我的，我在 1958 年建的筒子楼里不足十五平方米的房子里住了十三年。”

单位发不出工资，王兆强就去济南盖家沟物流干搬运工，在恒大城干垃圾清运工，“因没钱，女儿从小就没报过一次辅导班，我愧对妻子和孩子，但我从没后悔过，从没抱怨过，从没向政府伸过手。我觉着把‘老山精神’默默体现在平时的生活工作中，就是对为国捐躯的战友们的最好报答！”

每当看到播放战争题材的节目，尤其是《跨过鸭绿江》，王兆强每次都泪流满面，他被先辈们的精神感动着，也想起了战场上的自己：“我没有什么可炫耀和显摆的，我就是千万参战人员里普通一兵而已。战场的胜利是所有参战人员浴血杀敌，把国家利益置于生命之上铸就的军人荣光，所有参战人员都是英雄！我从不为荣立一等功而感到荣耀，只为能活着回来而庆幸。我的人生充满坎坷与困苦，但人生因有梦想而充满阳光。”

当下，国家对于退役军人的政策越来越好，逢年过节上门慰问，济南市的有关部门给退役军人办理了泉城拥军交通卡，坐车、逛公园免费，王兆强说：“有政府的关爱，当兵不亏。”按照规定，王兆强也可以去参加疗养，但是他每次都拒绝，“我在私企，还需要请假，索性就给国家省点费用。”

正如王兆强所说：“上战场是一种煎熬，也是一种磨炼，它能使自己的内心更加强大，让你坦然面对生活的沟沟坎坎。战场让我感悟人生，只要活着比什么都重要，名利得失都是过眼云烟。”

现在最大心愿是父母健康

现在日子好了，每年的中秋节，都是王兆强家最热闹的时候。“中秋节当天家里兄弟姊妹孩子们都过来，一家十九口，四世同堂。”王兆强说，他对现在的日子是满足的，他当年在炮火连天的前线，做梦也没有想到会过上这样的日子。

现在王兆强家一大家子经常团聚（李培乐翻拍）

现在看着年过八旬的父母身体硬朗，行动自如，王兆强无比欣慰。他曾经写过一首名为《老爹老妈》的诗：“在他们身边，我永远也长不大。我十七岁当兵老爹老妈放心不下，每封家书都是叮嘱的话。无论在咫尺，无论在天涯，最挂念我的是老爹老妈，有时我会心血来潮，就想回家。”

从这炙热滚烫的诗句中，能看到一个战场归来的硬汉心底的那份温暖。

从那时开始，王兆强就立下一个规矩：“每年都要和父母一起过中秋团圆节，从 1988 年 12 月转业以后到今年（作者注：2023 年）是第三十五个中秋，我们都是一起过的。”王兆强告诉记者，从部队回来，从生死一线的战场回来，让他更加珍惜与家人的相聚、与亲人的相守。

感叹现在的幸福生活的同时，王兆强也回忆起当年在前线那个最让他难忘的中秋节。那是 1987 年的中秋节，他还在前线，耳边是不时传来的炮声。“当年的中秋节是 10 月 7 日，我得了疟疾特别难受，发烧烧得稀里糊涂的。当时，我特别想家，想自己的老爹老妈，忍不住眼泪顺着脸颊流到了耳朵里。”王兆强说。

当年，和家里急切盼望收到部队的一星半点消息一样，战士们在部队最高兴的事情就是战友探亲归来，大家伙都围着打听家乡的消息。“只要有家乡的消息，哪怕一句话，也会高兴地跳起来。”他说，回到地方后，每到逢年过节，他也会和天南海北的战友联系，互道一声问候。“现在有战友群，联系更方便了，时光改变不了我们这种用热血浇灌的战友情。”

说起儿子王兆强，母亲李宗秀说：“挺好，很孝顺！”作为朴实的农家人，他们没有华丽的词语，但是脸上的幸福清晰可见。父亲王光荣提起当年儿子上前线的事情，语气中依然带着担心：“孩子去前线后，我天天骑着自行车到处转，到处打听，看看哪家有信回来了吗。”他的心里其实最怕的是收到不幸的消息。那个时候，乡间小道上乡亲们时常能看到王光荣匆忙而焦急的身影。

等儿子平安从战场归来，他那颗悬着的心才落地。“特别是儿子立了一等功，镇上敲锣打鼓送来，很自豪，这都是孩子给咱赚的脸面。”当父亲的提到儿子的荣誉，当母亲的则想着儿子受的罪：“回来发高烧，疟疾复发，一宿一宿睡不着觉，我们太担心了。”

现如今，炮火早已远去，一家人聚在一起其乐融融，王兆强说：

“这是最幸福的时刻。”

王兆强小传

王兆强，1983年10月入伍，原北京军区某炮兵团二营计算班班长，1986年12月参加对越防御作战，并荣立一等功。现为济南盛源化肥有限责任公司（私企）员工，获评首届“百名最可爱的泉城模范老兵”。

第三篇 一等功臣王立品：

1号哨位

王立品（李培乐摄）

在狭小的猫耳洞里，他们没有足够的空间躺下，只好蜷缩着轮流休息。距离敌人如此之近，以至于说话都能互相听见，有人戏称，就连放屁都要小心翼翼。长长的头发，布条遮体，有时半夜被老鼠啃醒……就是在这样的环境下，他们坚守了108天。最终，王立品所在的班九人中有六人荣立一等功，所在班荣立集体一等功，这是用热血浇灌出的一等功勋。

军人家庭的“兵二代”

王立品的父亲是位参加过抗美援朝的老兵。王立品父亲的梦想是驾驶战机保家卫国，但是古人说“人生不如意事十之八九”，在与空军飞行员擦肩而过后，他在空军地勤部队服役，一样与战机为伴。复员回家后，军旅生涯时时刻刻萦绕在脑海，那种对部队无法割舍的情感，让王立品的父亲有空就给孩子们讲战斗故事，一边讲战斗故事，一边叮嘱孩子们做人要本分。“做人要本分”，这句话无数次从父亲嘴中说出，也深深地影响了王立品。1963 年出生的王立品是家中的第二个男孩，因为父亲的军人身份，他的人生似乎从一出生就注定了。

王立品的老家是山东省济南市原历城县港沟公社，虽然从部队复员回来的父亲在拖拉机厂上班，但是四个孩子的家庭，因为劳动力少，日子过得紧巴巴的。上了高中的王立品，放了学回家就要帮家里干活。没有太多精力用来读书的他，十八岁离开校园后开始在生产队干活，人生的第一个工分是装卸货物赚来的。

王立品（李培乐翻拍）

其实，当时王立品家里最想当兵的是他的大哥，或许命运和他开了个玩笑，内心的渴望被挡在了屡次过不了的体检关之外。无奈之下，当了民兵连长的哥哥就把当兵的梦想寄托在王立品身上，希望弟弟替他完成进入军营的心愿。1982 年 10 月，王立品不负众望，顺利通过体检，成为一名新兵。

作为这个军人家庭的“兵二代”，家里人基本都支持王立品进部队建功立业。可是，母亲还是很不舍，精心给他准备了好几套内衣，“其实到了部队也用不着，但那是老人的心意。”就这样，带着家人的期望和牵挂，王立品进了部队。从一开始的不适应到逐渐适应，再到如鱼得水，他说：“五发子弹打靶，每次都在四十多环，身体也好，什么都难不住我。”三个月的新兵营训练后，王立品进入某师下属的某团。在没有战争的日子里，他们部队负责国防施工——挖隧道。

1985 年 1 月份，部队接到了参战命令。“当兵就准备好上战场，军人就是保家卫国的。”对于当年听到要开赴前线，王立品这样说。

十个字的家书

为了应对前线的各种情况，接到动员后，王立品所在的部队开始备战，从体能到战术，进行全方位的提升。由于保密的需要，当时他并没有通知家里。即便是 1985 年 3 月，开赴前线经过济南，家里人也毫不知情。

“坐了七天七夜的闷罐车，军列到了昆明。”在临上阵地的时候，王立品给家里写了一封十个字的家书：“已经上阵地，不要很挂念。”他说，当时也没法写很多字，就希望家里人知道自己上了前线了，同时希望家里人也不要太担心。虽然内心有千言万语，最后就凝结成这十个简单的字。

虽然是个坚强的男儿，但是写这封家书的时候，王立品也动情了。“当时掉眼泪了，父母养育了咱，如果牺牲了，还没有给父母尽孝。”说到这里，虽然已经过去几十年，可是王立品还是使劲将头靠近沙发，以阻止眼泪流出眼眶，“当时在战场啥也不知道，等我从部队回来，看到我妈的头发全白了。”

他清晰记着自己是 1985 年 8 月 5 日进入阵地的，“当时我就要求去最危险的 1 号哨位值守，我们班长李忠良是 4 日过去交接的，我和葛从运是 5 日进入 1 号哨位的，这个哨位就我们三个人。”

距离敌人六七米的哨位

这个 1 号哨位是整个 166 高地最前沿的哨位。说起 166 高地，很多人可能都知道，这是老山战场的前沿阵地，也是出了名的“死亡之地”。几个小山包被敌我双方的炮弹反复不停轰击，让曾经密不透风的森林变成了白花花的石头山，甚至被称为“采石场”。

战场上的王立品（前者）和副射葛从运（后者）（李培乐翻拍）

哨位换班，需要趁着夜色，还需要通过那条布满地雷和随时有可能遭遇狙击的“百米生死线”。战士们只能趁着夜色，在不时爆炸的炮弹中摸索前行。1号哨位距离越军直线距离也就六七米，以至于都能听到双方说话的声音，“我们只能靠在耳朵上说话，或者用手语。”

进入一线阵地，王立品担任机枪手。“只有到了战场上才知道战争的残酷性”，王立品说，当时扔手榴弹手都哆嗦，不时在身旁炸裂的炮弹炸得碎石纷飞，自己一开始也很担心和害怕。特别是6号哨位接连出现战友牺牲，也让他更加明白了战场是死生之地。

王立品战场照片（王立品提供）

渐渐地，随着时间的推移，他们对爆炸声等早已习以为常，扔手榴弹也和小时候扔石子一样轻松。为了保密，他们也使用了一些暗语，比如“啤酒”是手榴弹，“烧火棍”是爆破筒，“花生米”是子弹，“土豆”是六〇迫击炮弹，“泼水”是机枪扫射，等等。

除了残酷的战斗，还有让人几乎难以忍受的生存环境，他们白天留一人放哨，另外两人休息，到了晚上都要打起精神，随时准备战斗。“猫耳洞特别小，我们三个人在那里，空间太小无法躺下，只能坐着休息。”王立品说，气温都在四十摄氏度以上，身上的衣服被汗水浸透，湿了干干了又湿，湿衣服贴在皮肤上那种黏黏的感觉让人难以忍受，没办法大家都脱了衣服，赤条条的。到了九月份天天下雨，外边下大雨，里面下小雨，在洞里二十多天就开始烂裆，“蚊子特别大，也特别多，咬得浑身都是包，伤口迅速红肿起疱、发炎、化脓；身上只要被蚊虫叮咬，被石块划伤、刺破，很快伤口就开始发炎、溃烂肿胀、流血流脓，发烧，甚至睡觉时被老鼠咬醒。”

吃饭大部分时候都是吃压缩饼干，“吃了那东西，肚子胀得难受，我们就一再请求给送点大米。为了不被敌人发现，用没有烟的固体酒精当燃料，用铁罐头盒当锅煮点稀饭。”

毙敌六人立一等功

9 月 8 号的清晨，天刚蒙蒙亮，越军就借着忽然涌上来的一团朝雾，对 166 阵地进行偷袭。突然，越军投过来的一颗手雷滚落进 1 号哨位内，李忠良班长来不及多想，用左手迅疾抓起手雷扔向洞口外，就在刚刚被抛出手之际，手雷轰的一声爆炸了。顿时洞内硝烟弥漫，而班长李忠良的左手当即被炸断，鲜血顿时喷涌而出。

三连一排一班全体同志战前合影（王立品提供）

李忠良发现身旁有一根止血带就迅速捡起，用嘴和右手把自己负伤的左手臂紧紧扎了起来，也顾不得鲜血还在不停流淌，又来到洞口边继续迎战越军的第二次进攻，他单手操枪向敌人连连射击。敌人撤退后，从早晨到天黑，十多个小时的时间，李忠良班长负重伤的左手臂就只有依靠这根止血带来止血，不仅无法撤离，甚至都不能叫一声，因为一旦出声就会暴露目标。“可以想象他忍受了什么，是什么样的毅力让他一声不吭。”王立品说，李忠良受伤时，他在10号哨位担任哨长，在李忠良下山接受治疗后，他重回1号哨位，从此一直坚持到撤离阵地。

其间，王立品也负过两次伤。“这两次都是炮弹弹片给炸伤的，一次伤了右脚，不是很严重；另一次是右手，弹片从虎口的位置钻入，现在弹片还在里面。”所以每到下雨天，他的右手依然有些麻。

下阵地时的合影（王立品提供）

坚守了108天后，王立品他们终于从前线撤了下来。经过部队统计，他共击毙越军六人，击伤八人，荣立一等功。“我们班九个人，六个人荣立一等功，两个人荣立二等功，一个人荣立三等功。”

刚从哨位下来时，王立品经常在夜里惊醒，“连着好多天，睡不踏实，老感觉还在阵地上。”这个影响直到退役后还存在，“退役那年过春节，一听到鞭炮声，我穿上衣服就冲了出去，一看却是万家灯火。”他还梦到了牺牲的战友，“我走到炼油厂附近，他（牺牲的新泰籍战友）扛着铁锨走过来，我说你不是牺牲了吗？他说当时自己并没有死，送到火葬场醒了过来，看到没人自己就跑了。”王立品说吓醒之后，擦了擦脸上的汗，心里在想梦要是真的该有多好，正所谓“日有所思，夜有所梦”。

如满山草的二儿

从部队回到家乡，父母并没有袒露太多对他的担心，不过妹妹对他说："咱娘找人算命，说三个儿子，两个好好的，一个儿子像满山草刮得到处跑。"听到这些话，他也就明白了，为何妈妈的头发全白了。都说孩子是娘身上掉下的肉，要不说母爱是世间最伟大的呢！

立了一等功，王立品被推荐上军校。但是，不想让父母有太多担心的他，还是在1986年选择退役回家，被安排在济南汽车制造总厂工作，当了一名锅炉维修工，后来又调到动力分厂，做了十几年的组织干事。目前，王立品已经内退。"赶上了国家的好政策，现在也享受劳模待遇。"他说，现在每隔两三个月，他们在济南的十一个战友还有在泰安的两个战友都会聚一下。大家回忆残酷的战争时刻，聊聊日常的幸福和辛酸，"我们这些在战场上下来的战友和一般的战友不一样，我们都是可以把后背放心交给彼此的。"

王立品说，参战的经历对他来说是人生的宝贵阅历，"和平年代是靠鲜血换来的，生在当下要珍惜这和平的环境。"

王立品小传

王立品，男，1963年1月出生，山东省济南市历城区港沟镇人。1982年10月参军入伍，原济南军区某团战士。1985年3月至1986年6月随部队参加中越边境云南老山防御作战。坚守在老山前沿那拉口、号称"人间炼狱"的166高地1号哨位。在阴暗、潮湿、闷热的猫耳洞中坚守阵地108天。在连排领导的正确指挥下，带领其他两名战友，顶住了敌人上万发炮弹的轰击，打退了越军的几十次偷袭和进攻，两次负伤坚持不下阵地，为全连防御作战任务的完成做出了较大贡献。在战斗中毙敌六名，伤敌八名。战后，被师党委授予一等功。所在连队被原成都军区授予“坚守英雄连”荣誉称号，所在排、班分别荣立集体一等功。1986 年 12 月退伍，1987 年 1 月入原济南汽车总厂党家庄分厂（现中国重汽集团济南卡车公司）当工人，后任组织干事。多次获评“优秀共产党员”和“优秀党务工作者”。2023 年 1 月退休。

第四篇 一等功臣张东仓：“02”的选择

身负重伤，怀揣军事地图，一旦活着落入敌人手中，后果不堪设想。面对生死抉择，作为炮兵的眼睛，代号“02”的张东仓带着军事地图纵身跳崖。他以向死的决心守护地图，反而赢得了生的机会。下面，就让我们走进这位炮兵观察员的人生。

张东仓（李培乐摄）

“老缺户”家的老七

六十三岁的张东仓虽然身体里还有八块弹片，但是退休后的他却像是上了发条的钟表，一刻不停地忙碌着。舜耕路工作室里的他神采奕奕，朋友、战友不时前来喝茶。而他工作室里的钢盔、军号等物品仿佛在诉说着那个曾经炮火连天的时代。

张东仓在介绍当时的侦察工具（李培乐摄）

倒上一碗茶，在弥漫的茶香中，张东仓开始讲述自己的过往。他的老家在济南长清归德，家里兄弟姊妹八人，在那个物质极其匮乏的年代，吃饱饭都是奢望。“我家是出了名的‘老缺户’”，张东仓说，之所以被称为“老缺户”，就是家里什么都缺。为了吃饱饭，幼小的他早出晚归地干农活、拾柴火，凌晨四点就起床帮忙编席子、编草帽，以便换点钱补贴家用。

生活虽然贫困，但是张东仓从小身体底子不错，而且喜欢锻炼，单杠、双杠上经常能看到他矫健的身影。靠着良好的身体素质，他于1981年被部队以不占用村里征兵名额的方式特招入伍。

到了部队，张东仓如鱼得水，“部队上吃馒头大米，吃得比家里好多了，也能锻炼。”在这里，他长了个头，身体更结实了。虽然天天高强度训练，但是他乐在其中。“一开始还是有点不适应，打靶一卧就是一个小时，胸脯都喘不动气。站军姿一站就是几个小时，投掷手榴弹胳膊都肿了。”他还记得，背着38斤重的装备拉练，在雪地里摸爬滚打，有时盯着皑皑白雪看半个小时，一切景物都成了银白色，“感谢那时的训练，因为这些都是保命的本领。”

军队里的炮兵侦察兵

新兵连训练结束后，凭着过硬的素质，张东仓被挑选为炮兵侦察兵，主要任务是侦察敌情、地形等。他还记得那时针对侦察兵的训练，“在夜间练习捕捉目标，有时任务就是取一本书，走着走着就去了坟地。”

训练刻苦的张东仓成绩良好，甚至成了新兵的教员。到了 1984 年 8 月，当兵三年的他本可以退伍，但是在收到战争动员的时候，他毫不犹豫写了请战书。“当时我们师长说，我不用去前线，我已经是超期服役了，但我觉着我拥有过硬的军事技术，前线需要我，回家不是我的作风，所以再一次写了请战书。”

就这样，张东仓坐上了铺着草席的闷罐车，开赴前线。“在车厢里又唱又跳，那时候每个省份都有接兵站，都会送饭过去。”他难以忘记，停车后集体方便的场景，更难以忘记那一列列拉着弹药和给养的列车。但毕竟是去前线，此行注定有人要牺牲，所以车上也时不时传出哭闹声，甚至有人嚷着要回家。这就是战争，残酷的战争。

张东仓在前线（张东仓提供）

咣咣响的闷罐车长途跋涉，最终把张东仓他们送到了麻栗坡县，随后进驻了 116 高地。到这里，也就进入了真正的战场，“炮弹响的时候，有人吓得拉肚子，脑子都震得嗡嗡的。”作为炮兵侦察兵，或者说炮兵的“眼睛”，张东仓和其他十六位勇士需要穿插到对方阵地，在对方的眼皮子底下引导炮兵摧毁敌人的目标。

战场上的“02”

作为侦察班的班长，作为炮兵的“眼睛”，张东仓在战场上的代号为“02”。他和战友们趁着夜色，乔装打扮潜行，最终进入了敌人防区的一个山洞。对这个山洞进行精心伪装后，他们开始在敌人的鼻子底下侦察。

张东仓在前线（李培乐翻拍）

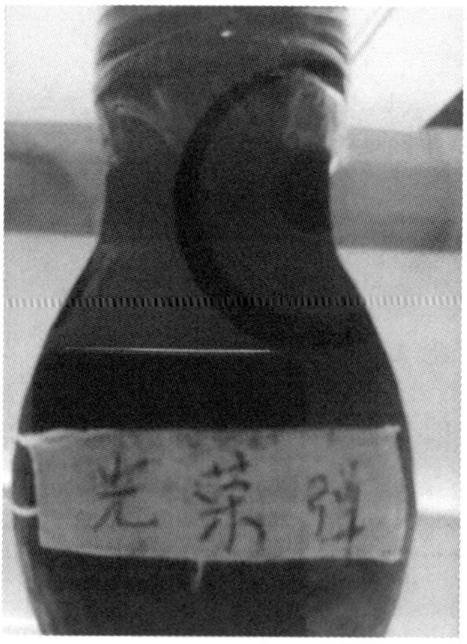

光荣弹模型（李培乐翻拍）

炮兵侦察兵的单兵装备有六十多斤，包括手雷、手枪、匕首、“光荣弹”、望远镜、压缩饼干等，“我们那个时候还配备有微光夜视仪，敌人抽烟我们就能捕捉到。”为了缩小目标，他们尽量减少人员配备，能三个人完成的任务，绝对不派五个人。为了让自己不暴露，侦察兵经常趴在地上，而且一趴就是两天，白天几乎一动不动，等到了夜晚才可以适当活动，但为了观察目标，晚上几乎不合眼，“蚊虫就不用说了，经常看到毒蛇在身旁溜溜地爬动”，用张东仓的话说，那就是“像机器人一样工作，像野人一样生活”。

1985 年 5 月 31 日清晨，敌人借助天黑作掩护发起了进攻，大批敌军以极快的速度向我军前沿阵地冲来。在千钧一发之际，张东仓以最快的速度作出反应，调动炮火齐射，在最短的时间里将敌人先头部队压制了下去。“那场战斗打了三天三夜，空中全是火药味和炮弹爆炸后的烟雾，敌人伤亡七百多人。”

战士们欢庆胜利（李培乐翻拍）

1985 年 9 月，张东仓发现敌人高地上有隐藏在暗处的火力点，对我军运送弹药和给养的百米生命线构成很大威胁。为进一步摸准敌情，张东仓独自前去侦察。他潜伏两天两夜，最终摸清了敌情。9 月 18 日，他调动炮火，一举消除了敌火力点对我军补给线的威胁。

然而，在撤回时，他甚至都没有来得及高兴，敌人就发现了他，并调集了三门六〇迫击炮同时向他所在位置射击。“第一发炮弹把我右腿炸了一个洞，被高温弹片击中，血都发黑发紫。后来一发炮弹又炸伤了左胸，再后来弹片炸破了钢盔。”张东仓说，敌人早就说要用一百个兵换“02”，所以这次千方百计想活捉他。他眼见敌人已经将他包围，撤退的路已被堵死。为了让自己身上的军用地图不落入敌手，张东仓忍着伤痛，爬行了十多米，纵身一跃跳入身后的悬崖。“我当时只有一个想法，我九个月的侦察情报全在地图上，无论如何要尽量保住地图。”

医院里的硬汉

为了营救“02”，我军火炮阵地对包围上去的越军进行火力覆盖，然后派出一个小队去救援张东仓。他们采取接力抬担架的方式，在隆隆炮声中，在山高林密的前线抬着受伤的张东仓疾行。“为了救我，牺牲了三名战友。”张东仓说，他的命是战友用命换来的。

“抢救时苏醒过来一次，我问的第一句话就是军事地图还在吗?”张东仓说，他最初在存命洞，后来辗转到了第59医院，后来又到了开封的医院，“动了四次大手术，总算保住了性命，身体瘦到只有七十多斤，现在身体里还有八块弹片，阴天下雨还是不舒服。”据张东仓介绍，当时在医院，他的腿本来是要截肢的，他用尽全力让自己的那条腿的大脚趾动了一下，这才让医护人员尝试保守治疗。由于张东仓的英勇和战友们的卓越表现，他个人荣立一等功，他所带领的班荣立集体一等功。

当时的战场情景（李培乐翻拍）

张东仓（李培乐翻拍）

“我现在很满足，一想到那些牺牲的战友，想到牺牲战友的亲人，我应该满足。”张东仓在医院里见过截肢的，“有的人双腿没了，不习惯，一起床就掉下床，思想压力特别大。”也见过双目失明的，“我一个泰安的战友就双目失明，他是见过这个多彩世界的，你可以想象他有多痛苦。”所以，现在有时间他就会去看看战友，聊聊现在的生活，回忆一起经历过的生死。

社会上的志愿者

退伍后，张东仓回到济南长清。带着一等功奖章的他，在长清受到了热烈的欢迎。长清当地武装部专门去迎接，还为张东仓搞了一个欢迎仪式。可是，他的心早已回到那个朝思暮想的家里。回到家，看到正在烧水的父亲，内心无数想说的话都哽咽在喉咙里。当他抬头看到已经漏了的屋顶，便拿出两千元翻盖了家里的屋顶，他说当时真的很满足，能活着回来，还能对父母尽点孝心，真的要铭记为救他而牺牲的战友。之后，他进入银行系统，负责金库警卫和押运工作，“带着钱箱，骑着自行车送款，上午送到银行，下午四点半再送回金库”。在银行系统，张东仓先后荣获山东省金融保卫专业比武第一名等多项荣誉。他也创办过实体，安置伤残军人。当年由于经常外出作报告，在银行里张东仓经常被人认出，“原来这就是战斗英雄，居然这么年轻！”每当听到这样的话时，张东仓就感觉无比自豪。

张东仓正在写榜书（李培乐摄）

由于受到当年去前线慰问的书法大家刘炳森鼓励，张东仓也喜欢上了书法，而且一直秉持刘老的教导，“一定要持之以恒写字”，现在他的榜书在业界颇有盛名。他曾经担任山东省民族书画院院长，在2020年抗击新冠疫情之初，号召书画界的人士义卖，最终筹款筹物价值176万多元。为了助力复工复产，他还到火车站做了15天的志愿者。

现在，张东仓也是济南市历下区退役军人事务局志愿者团队的负责人，他常年坚持做公益的行为也影响带动着身边越来越多的人，成了志愿者中的带头“老大哥”。现在，张东仓还经常走进学校，给学生们讲战斗故事。他说，一定要让孩子们知道先烈们的英勇事迹，让孩子们了解真实的战场，“我每次讲座，都留出时间和孩子们互动，我喜欢听他们千奇百怪的问题，更愿意和他们交流。”

展望未来，张东仓说，军人的秉性会伴随其一生，他也会一直努力，对得起“一等功臣”这枚奖章。

张东仓小传

张东仓，男，汉族，1962年11月生，山东省济南市长清区人。1981年10月入伍，1983年4月加入中国共产党。山东省经济学院专科毕业，现就职于山东省民族宗教事务委员会。1985年3月到1986年6月在某部炮连侦察班任班长，参加了老山对越防御作战。分别荣立个人三等功两次，二等功、一等功各一次，并被解放军总政治部授予“先进个人”称号。他所带领的班荣立集体一等功，所坚守的116高地观察所被中央军委授予“优秀观察所”荣誉称号，他所在的班被中央军委授予“英雄侦察班”荣誉称号。被评为六级伤残。1986年10月退伍。

1987年2月到1995年8月在中国工商银行济南市长清县支行任保卫科副科长，并取得了山东省金融保卫专业比武第一名的好成绩。被济南市工商银行评为“市级会计能手”。1995年8月到2000年8月在中国工商银行山东省分行任总务部副主任。2000年8月至今在山东省民族宗教事务委员会工作。2002年2月到2006年4月任山东省民族书画院第一任主席，榜书书法家。2020年5月被山东省委宣传部、山东省民政厅授予“全省抗击疫情优秀志愿者”称号。

第五篇　一等功臣**康玉杰**：

慰问团上门，
家人才知道他早已上战场

康玉杰

有一种爱叫不让你担心。身处炮火连天的战场，康玉杰一直通过身在山东烟台的战友转寄信件，只为让家人安心。可是，慰问团的上门让他这个善意的谎言再也维系不下去了，只好回信说，炮兵都在后方。可是，后来的一等功喜报，又让家人担心坏了：“是不是残废了，不然怎么能得 等功？”

军校毕业正好赶上参战

2022年深秋，一个晴朗的下午，通过济南市槐荫区退役军人事务局，记者依约见到了对越自卫反击战一等功臣康玉杰。时任济南市生态环境局机关党委一级调研员的他，为

人亲切随和。说起这次采访，他表示，自己更多的是战友们的一个代表。

康玉杰于 1963 年 4 月出生在济南历城彩石，家里兄弟三人，他是唯一一个迈入军营的。据介绍，康玉杰 1981 年从济南一中毕业后考入南京炮兵学院，1984 年毕业后分配到陆军某师炮兵团任侦察排长。

康玉杰

虽然上的是军校，但毕业入伍后很快就接到参战命令，对康玉杰来说也是没有想到的。“永远忘不了，很紧张，一开始只是传说要轮战了，但又想南方那么多部队，会调到（原）济南军区的部队吗?”但很快，他们就接到了作战命令，整个部队开始紧张备战，“研究热带雨林、挖猫耳洞、研究越军，战略战术的调整演练。”还有就是部队换装，老装备全部换新，包括一些高科技的测距和夜视装备也都配备到部队。部队里也安排放映《英雄儿女》等电影，总之一切都在为即将开始的战争做着充分准备。

开拔的日子终于来了，1985 年 3 月 12 日，是康玉杰所在部队开赴前线的日子。康玉杰和战友们坐着闷罐车，用了一周多的时间终于到了昆明。在火车上虽然人挤人，可是康玉杰所在的排有的战士还是紧张到不能说话，整个人都是木然的状态，还有人在写遗书，作为排长的康玉杰只好安慰大家说“你们都写，我不写”，其实他也紧张，但是他要缓解战士们的紧张情绪。他清晰记得，到了昆明后摩托化行军，最终到了云南文山州。

脚趾甲让老鼠啃得很干净

在军校的学习让康玉杰明白，战争的决定因素是人。所以，在临

前线留影

战训练中，他一遍遍地强调练好军事技能。当时有的战士1984年11月底才入伍，1985年就参战，“他们甚至对部队都不是很了解，没有自信。”所以，康玉杰带领大家从思想上重新认识，在技能上充分提升，抓紧一切时间训练，“那时候，不管训练多苦，大家都没有抱怨，说啥也都听得进去。”

1985年4月27日，他们在半夜趁着夜色进入阵地。“为了防止遭到炮击，我们坐的车都是无光驾驶，也就是摸黑驾驶。”所以，到了道路拐弯的地方，就有人引导车辆小心通行。可是，即便是这样小心，越军的炮弹依然在几十米之外咣咣炸响，“地动山摇，那种爆炸的冲击波是难以想象的，震得脑子嗡嗡的。”真是应了国歌里唱的那句“冒着敌人的炮火，前进”。好不容易和其他部队接上头，大家悬着的心终于踏实了。

等到天亮，康玉杰才好好地观察了一下阵地，“战场上弥漫着臭味，当时草有一米多高，一些地方竹子密密麻麻。”熟悉了情况后，康玉杰就积极要求参加和带领前进观察所。可能有的读者不明白什么是前进观察所，前进观察所的任务就是深入一线或敌后侦察敌情，指挥我军火炮射击，有时可直接配属步兵突击队执行火力支援任务。康玉杰进入猫耳洞后，发现工事有些简陋，所以为了保证安全，他做的第一件事就是加固工事，“用钢板木料加固，同时我们的猫耳洞可以往下挖，经过整修后挺宽敞，三个人躺着睡觉没有问题。”康玉杰说，他们在顶棚仅仅盖土就盖了一米半，可这么厚的土后来也全被炸没了。

虽然比别的猫耳洞条件好，但是生存的严峻环境大家还是一样的，“都不用剪脚趾甲，老鼠都给你啃了！还有，洞里有蛇，经常从肚子上爬过去，一旦感觉到蛇在肚子上，我就一动不动让它爬。”说到这里，康玉杰说现在的生活真是太幸福了。

两次与死神擦肩而过

作为炮兵侦察兵的康玉杰，曾两次与死神擦肩而过。时间回到1985年5月31日，当天康玉杰正像往常一样在观察哨执勤，突然一枚炮弹就呼啸着朝他所在的观察哨飞了过来，他凭着直觉判断，爆炸点离得很近。果然，伴随着“轰隆”一声，硝烟弥漫，观察哨应声坍塌，观察哨顶部的箱子被炸得四散飞去。战友们闻讯赶来，赶紧用手将康玉杰刨出来，他已经昏迷了，“当时鼻子和嘴里都是血，战士们都紧张坏了，担心我，好在没大事。”现在回想起来，他说，如果当时那枚炮弹的口径再大一些，自己命就没了。

还有一次是在8月26日，康玉杰和战友们执行穿插任务，他们一行人悄无声息、小心翼翼地前行，他在前边带路。突然，一梭子子弹毫无征兆地打过来，“我们赶紧趴下迎战，好在对方可能就一个人，一看我们人多，放了这一梭子就跑了，这一次我后边的战士直接都被撂倒了，腿部受重伤。”

康玉杰在前线

1985年9月1日，康玉杰带领的小分队被师指挥部派往146高地开设前进观察所，配合步兵执行拔点作战任务。9月8日，我军突击队一举拿下了被越军占领的211高地。后来，越军为争夺该阵地先后出动两个团的兵力，在44天之内对我211、156、166等高地实施了98次反扑和120次偷袭，其间康玉杰的前进观察所被越军攻击4次，炮火攻击40余次。康玉杰沉着冷静，多次离开猫耳洞，冒着敌军的炮火选择最佳观察位置指挥火炮射击。战斗最激烈的9月11日至12日，他40多个小时未合眼，坚守在战位上，不间断捕捉目标指挥射击，我方炮兵阵地参与射击的许多炮弹装填手直接被累倒累昏，发射炮弹之多可见一斑。

被突击队员喊“炮兵万岁”

1985 年 10 月 26 日凌晨 3 点 30 分左右，越军二十多个特工摸上 115 高地，首先被持有微光夜视仪的侦察兵吴金论发现，康玉杰迅速指挥相邻的两个哨位四名战士准备手榴弹（夜间开枪极易暴露自己），两人操控定向地雷，并命令听到口令后再开火。他通过微光夜视仪看到越军距我堑壕二十米时下令投弹，十余枚定向地雷和十余枚手榴弹几乎同时爆炸，火光冲天，爆炸过后，越军丢下七八具尸体狼狈逃窜。吃了这一大亏之后，越军再也未敢偷袭该高地。

康玉杰的一等功奖章

1985 年 12 月 2 日，康玉杰所部配合步兵，出色地完成了 122 高地出击拔点作战。当时，随着我突击队的冲击，敌火力越来越猛，越军许多长期隐藏的无后坐力炮、高射机枪、轻重机枪等火力点不断冒出并疯狂射击，我突击队伤亡严重，进攻受阻。康玉杰的前进观察所以最快的速度确定了对我军威胁最大的五个火力点，用电台直接指挥直射炮火射击敌无后坐力炮和高射机枪等火力点，仅用十余发炮弹便将敌无后坐力炮和高射机枪掩体彻底摧毁。当天 8 点 51 分，越军纠集二百多人向我军高地反扑，因情况紧急，康玉杰直接指挥火箭炮营对反扑之敌实施地毯式压制，顿时越军阵地火光冲天，反扑之敌非死即伤，未用步兵反冲击就彻底粉碎了越军此次反扑。由于炮兵的精准支援，以至于突击队步兵激动地不断高喊“炮兵万岁”“炮兵神眼”。

据了解，在前线作战中，康玉杰率领前进观察所在老山战区转战15个阵地，共计侦察到敌军指挥所、观察所4个，炮阵地28个，反坦克导弹阵地1个，军车20余辆，屯兵洞5个，高射机枪、重机枪火力点30余个；指挥火炮射击近百次，击毁敌火炮30余门，卡车6辆，机枪10余挺，毙伤敌军150多名。战后，该前进观察所被原昆明军区前指授予“优秀前进观察所”锦旗，康玉杰荣立一等功，所部侦察班长吕勇荣立二等功，四名战士荣立三等功。

慰问团上门戳破“谎言”

1986年4月20日，康玉杰和战友们完成全部任务，成功撤出阵地，那一天正好是他的生日。其实这段参战经历，他最不想让自己的父母知道，甚至1985年春节回家过年时，明知道马上要开赴战场，他也愣是没有透露一个字。

去了前线之后，他就委托一个烟台的同学转寄自己的信件，“所有的信都是两个信封，我同学把里面的家书再从烟台寄出，由于盖着烟台的邮戳，家里人也都深信不疑。”他就是这样，通过这个“驿站”让家人“远离”前线的硝烟。

可让他没有想到的是，在1985年6至7月份，山东社会各界掀起了拥军热潮，历下区政府和办事处的人员就赶到了他的家里进行慰问。这一下，家人都懵了，连连摆手，“不可能，不可能，我们孩子在烟台，经常写信呢!”即便慰问的人说是从部队获得的消息，家里人依然不愿意相信。事情虽然过去了几十年，但是一说起这件事情，康玉杰的眼圈立马红了，他使劲仰着头，沉默着，然后才缓缓地说：“家里人都觉着不可能。”再一次，他控制不住自己的情感，起身去洗手间洗净自己脸上的泪水。

待情绪稳定后，康玉杰说，觉着实在瞒不住了，他就坦白了。不过，他的坦白依然是轻描淡写：“放心吧，我在炮兵部队，都在后方，离前线五六公里呢！”还给家人寄去了一张照片。他说，让家人过分担忧没有意义。

后来，由于自己在前线的优异表现，家里收到了荣立一等功的喜报。可是，面对这份荣誉，家人又实实在在紧张了，“什么样的功劳才能立一等功，到处打听，听人家说活着立一等功很难，心里就更紧张了。”以至于，在康玉杰回到山东部队驻地的第三天，母亲就赶到了他的面前。“一等功，肯定伤残了吧，让我看看！”康玉杰难以忘记母亲当时担心和牵挂的样子，直到看到他完完整整的真人后，母亲才算彻底放了心。

康玉杰的女儿驾机翱翔蓝天

参战后，康玉杰一直在部队工作到 1998 年，以副团职退役到济南市环保局工作。现在他的独生女儿康凯又接续他走上了军旅之路。“她喜欢，自己愿意当兵。”据介绍，康凯是空军首批“双学士”女战斗机飞行员，2008 年从山东实验中学毕业后考入空军航空大学，现为北部战区空军某旅歼击轰炸机飞行员。说起女儿，康玉杰一脸的自豪：“2008 年，15 万多名女高中毕业生报名参加空军招飞，最终选上 33 人，后来又通过航理、初高教机训练、歼击机改装训练，康凯等 10 人成为女战斗机飞行员。”

经历过战场的他，对女儿的从军，有了更多的淡定，但是和其他父亲一样，康玉杰现在也密切关注着女儿的情况。

康玉杰小传

康玉杰，山东省济南市人，1981年从地方考入南京炮兵学院，1984年毕业后分配到陆军某师，参加了1985—1986年的对越边境作战，时任所在师炮兵团三营侦察排长，负责开设前进观察所。作战中英勇顽强，机智果敢，战功卓著，荣立一等功，被济南市委、市政府授予“济南市荣誉市民”称号。1990年调入济南陆军学院担任军理教研室教员，曾经为原济南军区战役集训班授课，被学院授予“全院十佳教员”称号，1998年转业到济南市环保局，曾任机关党委专职副书记，后担任一级调研员。

第六篇 一等功臣王作言：战场狙击手

王作言有空就会翻看那本发黄的相册（李培乐摄）

提到狙击手，大家的脑海里是不是会闪过一连串电影的名字，像《兵临城下》《狙击手》《女狙击手》等。那种让人窒息的紧张，那种一枪毙敌的畅快，总让人忍不住想象，他们的枪法何以如此神乎其神？在济南市莱芜区张家洼街道就有一位曾经鏖战沙场的狙击手——一等功臣王作言。

乡村小枪迷

1964 年 6 月，在山东泰安地区莱芜县矿山公社徐家河村，一户王姓人家在欣喜中迎来了家中的第四个孩子，起名王作言。在那个普遍贫穷的时代，十口人的大家庭，吃饱饭就是大问题。在记忆中，王作言说想吃面食很困难，基本都是以地瓜等粗粮来糊口。

物质的贫乏却难掩精神的丰厚，王作言本家的大爷在解放前参军，爸爸是老党员，在村里干会计，那时候家里挂着光荣牌，“小伙伴开玩笑说，这是我们村的‘司令部’，很自豪。”基于对军人的崇拜，王作言一有时间就缠着爸爸给讲大爷的战斗故事，这些故事一直萦绕在他幼小的心灵里。同时，学校里书本上都是英模人物，这让他对部队更是充满了向往。初中毕业后，家里缺乏劳动力，王作言无奈退学务农，幼小的肩膀开始承担风雨，“那时候村里有林业队，我主要负责给果树剪枝。”在闲暇之余，他最喜欢的事情是跟着当民兵连长的姐姐，抚摸村里那十支半自动步枪。民兵训练时，他近水楼台先得月，往往能打上两枪。而且出乎大家的意外，没经过训练的他，几乎枪枪命中。

时间很快来到了 1982 年，18 岁的王作言如愿以偿，穿上了军装，加入了原南京军区某部四连，驻地为风景名胜之地杭州。在这里，他无暇顾及江南迷人的风景，全神贯注地练习枪法。“第一次射击就优秀，年底经过验收就获得了‘神枪手’和‘射击能手’称号。”

虽然有天赋，但是要想成为“神枪手”，仍需要用汗水和子弹来换。他日复一日地练习卧姿、跪姿和立姿，战友们在休息和玩的时候，训练场上却总能看到他的身影，“在枪管上挂上两块砖头，从一开始坚持五分钟到后来的半小时，让自己端枪时特别稳定。”为了锻炼体能，他每天早起跑步，每次十公里；有空还练习双杠、单杠，锻炼自己的臂力。

100 米打烟头

凭着出神入化的枪法，1984 年王作言参加了部队组织的军事大比武，并被抽调到九连八班（当时八班是“五项全能班”）。凭着出色的射击技能，这次大比武，他获得了通报表扬。

本以为自己的部队生活就是训练比武，让他没想到的是，1984 年 7 月 13 日，部队收到了参战动员令，“当时晚上我们正在看《高山下的花环》，演到一半就不演了，连队都带回，当时我们知道可能要打仗了。”

接下来，理光头、领新枪、领弹药，开始进入一级战备，“打起了背包，抱着枪睡，随时准备出发。”王作言看到战友们开始写请战书，有的还是血书，也有人悄悄写起遗书，“很紧张，很激动，很害怕，我是那种大大咧咧的性格，参战的热情还是比较高的。”王作言说，当时也有人又哭又闹，甚至企图调动，“气氛很紧张。”

战场情景（右侧二拿勺子的为王作言，李培乐翻拍）

一周后，王作言所在的部队乘坐闷罐车，踏上了南疆之行。此去千里迢迢，此去战火纷飞。个别结了婚的战友有时会摇头叹息，担心自己牺牲后老婆孩子受苦，但对王作言来说，他做好了迎接挑战的准备。

到了文山州砚山县，部队开始战前训练，“修建模拟工事，组织红蓝军对抗，挖猫耳洞。”在这四个月的训练中，王作言开始作为狙击手接受培训，“那边都是山岳丛林，风大、雾多、雨水多，射击的精度、军事地形、气象等都要仔细钻研。”日复一日的训练，让王作言的枪法更加出神入化，“100 米打烟头，200 米打乒乓球，300 米打西瓜，1000 米、1300 米位置打全身靶，我能枪枪命中。”由于难度高，初期训练的狙击手，淘汰的人达到了一半。针对战场的情形，他们伪装蹲守，在地上一趴就是三四个小时，“一动不动，一瞄就好几个小时，衣服全都湿透，练到浑身僵硬，起来时甚至都不会走路了，有的人刚起身就一下子晕倒。”为了制造障碍，有时会突然放烟幕弹，制造噪声，还训练夜间射击，“在靶子上放个小灯泡，主要是模拟对方抽烟对其进行狙杀。”

1984 年 12 月 9 日，王作言所在部队正式进入那拉口战场，这是一条正面宽二十八公里的防御阵线。在进入阵地的过程中，炮弹不时从头顶飞过，每次炮弹一响，都会被震得浑身一颤。此后，越往前走，炮火越密集，后来听到“啪啪”的枪声，“狙击步枪子弹打在石头上，火花四溅。”

进入 111 高地，由于刚刚经历了战斗，王作言看到堑壕里有战友的遗体。借着暗淡的月光，他看到有的战友甚至头都被炸没了，王作言说当时就一个念头，赶紧进入阵地给战友们报仇。

狙杀敌人

王作言最终驻守在 111 高地，那里是山的制高点，视野广阔，有利于狙击，他的任务是封锁敌人的运输线。“战争是残酷的，有的人白天还一起聊天，晚上就没回来。”进驻 111 高地十几天后，因为越军从无名 2 号高地不断地用火箭炮轰击我方阵地，造成两名战友牺牲，多人受伤。于是，部队首长下了命令，要求坚决扫掉越军这个火力点。

王作言（后边持枪者）和战友在前线（李培乐翻拍）

于是，王作言这个狙击手当仁不让地和火箭筒射手孟志平一起，在天亮之前就选好射击位置，利用伪装，悄悄地潜伏下来。当天，四十多度的高温炙烤着他们两个人，为了不被敌人发现，他们一动不动，利用望远镜始终盯着敌人可能出没的方向。时间一分一秒过去，汗水早已湿透了两人的衣服，可是他们已经丝毫顾不上这些。

中午12点左右，望远镜里突然出现一个高大的越军身影，“大高个子，拿着单兵火箭筒。”二人发现后，立马和班长汇报：“班长，上来了!”“干掉!”班长的命令干脆利索。

利用高倍的瞄准镜，对方的长相都可以看得清清楚楚。在瞄准的过程中，王作言的大脑也在飞速运转，“我是人他也是人，他是为国而战，我是保家卫国，现在我就要拿走他的生命。”在想着这些的同时，一个声音传来：“军人就要服从命令。”于是，隔着一百多米的距离，他瞄准了对方的头部。这个距离他可以准确打中烟头，现在面对一颗硕大的脑袋，“看得太清楚了，我知道这个距离开火他的头将会像西瓜一样爆掉，但对我来说毕竟是第一次。瞄准之后，扣动扳机之际，我闭了一下眼，再睁眼时对方硕大的身躯轰然掉下悬崖。”然后，王作言赶紧收枪，转移地点，与此同时扛火箭筒的战友朝着越军的火力点发射出“怒火”，只见有的越军一半身子飞了起来。越军遭到这突然的袭击后立马报复，王作言和孟志平两人躲在石头缝里，看到越军的炮弹不时在身旁炸开，“硝烟都涌进嘴里。”

直到现在，那个被他狙杀的越军大个子，还经常出现在他的梦里，“那张脸已经深深印在了我的脑海里。”在担任狙击手期间，王作言共狙杀了九名越军。

生离死别

狙击手出身的王作言，头脑冷静，条理分明，对于很多年前的事情，时间和细节记得清清楚楚。1985年3月5日，对王作言来说，是个永生难忘的日子。当晚，他们在指挥所休息，自己的好战友石四强笑嘻嘻地说：“我外甥给我写信了。”毕竟，烽火连三月，家书抵万金，那时候在残酷的战场，谁有家书大家都一块儿分享难得的幸福。

王作言（前排中间）和战友合影（李培乐翻拍）

想念盼信长，虽然不舍得读，但在大家的欢声笑语中，信还是读完了。“当时石四强说了一句‘我外甥都能写信了’，大家都很高兴，也没有注意到他表情上的变化。”让王作言感到奇怪的是，第二天下午，他就明显感觉石四强的情绪不好了，整个人也不说话了。后来想，王作言认为可能是家书让其想家了，引起了情绪上的波动。

第二天，天还没有黑，“石四强就提着枪出了哨位，当时我意识到有危险，跟他说，再等一等，等天黑再出去。可是，他头也没有回就离开了。”结果，晚上越军就摸到了哨位，一颗手雷正好扔到了石四强的射击位置，一下子就把他的胸膛给炸穿了。战友们立马冲出去，击毙了四名偷偷摸过来的越军。

“救救我!”石四强祈求地看着战友们。看到倒在血泊中的战友，王作言赶紧给他包扎，可是只要一喘气，连血带气就会一起涌出来。看到这种情形，王作言心如刀绞，“我们俩关系是最好的，我们同训练、同休息，记得当时我会推拿，还给他揉肩做按摩。”当时，王作言多想将石四强赶紧送到战地医院，可是谁也不知道越军会不会再回来，他只能坚守在阵地。直到救护人员三四个小时后上来抢救他，临走时石四强还对班长说了一句：“班长，打完仗再见!”可是，等送到医院，他已经昏迷，再也没有醒过来。从战场回来后，王作言和战友去看望了石四强的父母，2016 年大家还捐钱给石四强的父母立了碑。

“敢死队员”

当时，我军 160 高地的战况很激烈，战士们接连牺牲，“之前三个工兵、五个侦察兵都牺牲了，1985 年 3 月份又有七名侦察兵牺牲。”为了减少伤亡，部队在当年 4 月份决定成立突击队，誓要搞掉敌人的哨位和火力点。王作言说，他是军事骨干，家中还有两个兄弟，没有理由不加入突击队，突击队其实就是“敢死队”。

1985 年 5 月 3 日，部队召开了出击作战的会议。“当时傅全有军长也到了现场，给大家喝了壮行酒，给十一位突击队员全都点上了烟。”吃饱喝足，大家带着悲壮的心情和誓要给战友报仇的决心进入了边境线，4 日早上到达了越军的阵地。经过观察，决定白天发起进攻，“白天敌人反而放松，他们也没有想到我们敢在白天进攻。”

当时是 4 日 8 点 10 分，突击队员一边排雷，一边小心翼翼地往前挪动。四十多米，大家排了五十多颗地雷，用了两个小时。这时，人家已经到了越军 1 号哨位的下方，“看到他们工事的麻袋上印着‘中华人民共和国大米’的字样，非常气愤。”带着这种情绪，在 10 点 15 分，突击队接到了出击的命令。在工事底下的王作言抓着两颗手榴弹扔进去，同时一个翻越进入了敌人的哨位，“两个人被炸得血糊糊的，我马上靠着洞口，对方哨位底下两人往上冲的过程中，我对着他们的头就打，总共毙敌四名。”

与此同时，战斗还在继续。对方听到爆炸后，立马回击，参与突击的二组、三组进攻受阻。王作言拿着与十公斤梯恩梯炸药绑在一起的三根爆破筒，去增援二组、三组的战斗。在接近越军藏兵洞的洞口时，他心里盘算着，爆破筒有3.7秒的延时，如果扔进去再被扔出来那就危险了，所以他决定延时往里扔。嘴里喊完“一、二、三”，他顺势将爆破筒扔进了藏兵洞，瞬间爆炸产生的气流将没有来得及蹲下的王作言一下子冲了出去，敌人的藏兵洞哗啦啦坍塌。“这个藏兵洞里有三十七人，全部被炸死。”有了王作言这员猛将和福将，十一位突击队员甚至都没有受伤。遭受重大损失的敌人在5日、6日和7日发起了三次攻击，这期间陆续有战友牺牲，“一名战友战前本来还有两天就要举行婚礼，接到作战命令后回到了部队，当时大动脉被炸伤，血流如注。还有一位战友把班长推进了洞里，自己被炸得尸骨无存，最后战友们含着泪捡了一脸盆的遗骸。”

道德模范

1985年5月23日，王作言所在部队撤离了阵地，“当时进了国境线，我特意停下看了一眼战区，当时有一种如释重负、恍如隔世的感觉。”

王作言（右一）和战友（李培乐翻拍）

到了后方，开始评功评残，“想想牺牲的战友心里很难受，我就让出了自己当突击队员时火线入党的机会。”但是王作言凭着参战热情高，积极抢修线路，多次冒着生命危险背水，狙杀9名敌人，摧毁2个火力点，炸死41名敌人等战功，而荣立一等功，“我所在的八班也是集体一等功。”

1985年6月29日，王作言回到了原部队。立一等功的好消息传到了家乡，村里领导笑着表态："要是回家找媳妇，想找哪个就找哪个，给划最好的地方盖房子。"带着部队授予的无上荣光，王作言回家了。当时县里派了一辆吉普在泰安接他，当车来到村边的小河旁时，王作言看到了日思夜想的妈妈。他忙说赶紧停车，敞开车门跑到妈妈身旁，"娘，你的儿子回来了！"这一声"娘"，让多了不少白发的母亲立马眼圈就红了，她赶紧抱着王作言说："回来就好，回来就好。"然后，当娘的突然蹲下身子，摸着孩子的腿，"腿没有炸了去！好，好，受伤了吗？"这个场景，让硬汉王作言如今想起来依然热泪盈眶。

王作言说，战争是残酷的，能够活着回来就是最大的幸福。对于牺牲的战友，他和连队的战友也都有一个共同的约定，"他们的父母就是我们的父母，我们要为战友父母捐款捐物，要给他们尽孝，每年都去看望牺牲战友的父母们。"

本书作者和王作言（右）合影

退役后，王作言进入鲁中矿业公司工作，目前他已经进学校作了一千多场红色事迹报告。陪同采访的莱芜区退役军人服务中心主任黄书祥说："王作言是我们莱芜退役军人的楷模，曾被评为'泉城十大道德模范'。"

王作言小传

王作言，山东莱芜人，中共党员，1964年6月出生，1982年10入伍，1986年12月退出现役，1987年元月至今在鲁中矿业工作。1984年7月至1985年6月参加老山地区轮战，战绩突出，受团以上通令嘉奖五次，荣立一等功。在鲁中矿业工作期间，立足本职，干一行爱一行，多次被评为“优秀共产党员”“先进工作者”，在分管安全工作期间被山东省评为“冶金系统安全工作先进个人”。他为牺牲的战友尽孝，义务照顾烈士父母亲三十多年；他广做善事，多次义务捐款，多次以特殊党费的形式资助边远地区小学生完成学业。2017年、2019年、2021年三次被评为“道德模范”。传承红色基因三十多年来，他义务宣讲千余场，2021年被评为“泉城十大最美退役军人”，2022年被评为“十佳退役军人思想政治指导员”。

第七篇 一等功臣刘洪：

手刃敌人，至今那张脸经常出现在梦里

三代人的合影（李培乐摄）

“一张稚气的脸，瞪着双眼，眼神中带着恐惧，清晰地站在面前。”对一等功臣刘洪来说，这个情景已经无数次进入他的梦境。他曾经不断安慰自己：“我们都是为国家而战，我是为了国家而杀他。”20世纪80年代的战争，带给刘洪的很多很多。

三代都是军人

从部队退役后，刘洪进入齐鲁工业大学，在校党委、校长办公室工作，后任齐鲁工业大学历城校区党委书记。接受采访时，已经退居二线的刘洪终于有空闲可以好好地梳理自己曾经的那段刻骨铭心的战争经历了。

在刘洪的办公室里有一张照片，照片上他的父亲穿着军装，胸前挂着勋章，而他和儿子则分坐两旁。三代人，同一个梦想，拥有共同的军人身份，“我父亲是老革命，曾经做过许世友将军的警卫员，参加过济南战役。”说起父亲，刘洪嘴角上扬，那也是他一直以来的偶像和榜样。让他欣慰的是，现在两个儿子都走进了军营，大儿子已经是连长，“他们接过了我手中的枪，希望他们比我做得更好。”

1962 年出生的刘洪，是家里的老五，上面有三个姐姐、一个哥哥，下面还有两个弟弟。刘洪说，父亲刘家庆曾是许世友将军的警卫员，参加了 1948 年的济南战役，“当时国民党放水，父亲说我军战壕里都是水，埋伏在里面的战士就像‘青蛙’一样。我父亲参加了攻城部队，任务是去炸五柳闸，防止航运中断。”

济南战役结束后，刘家庆就留在了水利部门，“是小清河航运局第一任局长，后来在水利厅，可以说是山东水利的奠基人。”即便是“文革”期间，不在任上的刘家庆也经常好几天不回家骑自行车查看水利情况，有人就说了：“你不在任上，折腾啥？”刘家庆摇着头说：“山东这么好，不能毁了。”

从小经常看到爸爸配枪的刘洪，对部队有了很深的憧憬。他曾经梦想着成为飞行员，驾驶战机在祖国的领空里翱翔，可是因为 7 岁时被一匹脱缰的军马踢伤，一只耳朵的听力受损，让他这个梦想仅停留在梦想的阶段。

考试失利毅然入伍

刘洪说，自己的幼年时代，似乎总是不顺。出生时发大水，也因此得名“洪”，七岁时被军马踢伤，到了高考却又出了车祸。“高考时上午考完，下午起床晚了，拼命骑车赶路，结果因为躲避一辆拉煤车，和一位大爷撞到了一起。”刘洪说，当时自己衣服掉了一只袖子，浑身是泥，“我的自行车摔坏了，大爷听说我要参加高考，怕耽误我，就把他的自行车给我，骑着那位大爷的自行车赶到考点，当时看到我的狼狈样子，老师们都过来安慰，考试时卷子上都是血，写作文的时候手都不听使唤了。”

尽管坚持着最终考完了试，但刘洪明白，自己的成绩不理想。不死心的他，在发榜的时候，还是不甘心，到了学校，远远地站在那张红榜前，一遍遍地看着，却怎么也找不到自己的名字。

“那一阵我开始学着做饭，送母亲上下班，在家里看电视打发时间。”但是，电视上的征兵信息，却一下子让刘洪重新恢复了精神，“到部队去，当个兵也好呀!”他立马将这个想法告诉了父母。“现在去当兵？母亲所在的厂里刚给对越自卫反击战牺牲的烈士开过追悼会。”为此，家人很是忧虑。但刘洪是那种一旦认定就不会轻易改变的人，经过极力争取，家人看到他决心已下，当过兵的父亲就说了一句：“那就去部队锻炼一下吧!”

当兵需要体检，他怕听力的受损再次让自己当兵的梦想破灭，“本来担心和空军招飞一样严格，没想到很简单。”当他把回去等通知的消息告诉母亲时，母亲眼圈立马就红了，她知道，这个儿子真要去当兵了，这已经无力改变了。

1980 年 9 月 23 日，接到入伍通知后，“老爷子教我打背包。”和别人的轻车简从不一样，刘洪出发时，把高中时所有的课本都放进了行囊。新兵连训练结束后，凭着优异的表现，刘洪进入了指挥连。凭着自己的文化课优势，他甚至在部队当起了首长们的文化教员，最终凭着自己的努力和连队的鼎力支持，他在当兵的第二年就顺利考入军校，成为当时宣化炮兵学院的一名学员。

1984 年 8 月毕业回来，他被分配到济南军区，在某师担任侦察排长。也是在这一年，部队里开始传言要去南方执行戍边任务，“有人开始调动，当时有军官也有士兵，这让我们感受到了紧张的气氛。”后来，部队下了命令，干部士兵一律不准调动，停止休假，军营里开始放《渡江侦察记》等电影，还有传唱歌曲，“战士上战场，什么也不想，只有一颗赤诚的心，向着共产党。”

书信往来也停止了，车辆、钢盔和枪械都开始更新，发的军鞋可以防穿刺，车辆开始训练夜间驾驶，枪炮开始装车，一切都预示着战争要来了。

出征前回家买了很多鞭炮

时间很快到了 1985 年的春节，指导员问他，想不想回家看看。权衡再三，刘洪决定回趟家，当时已经是排长的他每个月有四十多元的津贴，考虑到马上要出征，所以他给所有的家人都买了礼物。

回到家，刘洪就像没事人一样，与家人团聚，有说有笑。可是细心的父亲还是看出了其眉宇间的一丝不寻常，私下就问他：“你们是不是要去南方执行任务？”刘洪眼见瞒不了父亲，就点了点头，但是郑重地说：“爸爸，不要告诉妈妈，也不要和我的兄弟姊妹说。”

这个春节，刘洪买了很多鞭炮，他奔跑着点燃一串又一串，除了父亲没有人知道，他的心里其实沉甸甸的。为了不留遗憾，他还特意和自己的同学们都聚了聚，和每一名好朋友他都用心拥抱。

出征的日子到了，在闷罐车慢悠悠的征途中，一开始他们还穿着大衣、戴着棉帽子，还盖着被子，“睡到半夜，热得受不了，一开门，热浪滚过来。”他说，从济南到云南，冰火两重天。到了前线先要进行临战训练，“装备都换了，新兵其实反而是优势，他们上手很快。”就这样，白天大家进行战前训练，晚上就看《黄继光》《董存瑞》等英雄战斗片。

但是，细心的侦察排长刘洪很快发现，排里有的战友看完电影后愣神了，陷入了沉思，“在那样的氛围中，这种舍生取义的电影有激励作用，也给人很大的精神方面的影响。”为此，刘洪有针对性地找到那些反应比较大的战士，对他们说：“与其想象生与死的时候如何抉择，不如掌握好杀敌本领，练好本领才能活着，而且我们是炮兵的‘眼睛’和‘耳朵’，我们的任务是保存自己，获取准确情报，消灭敌人。”

我们光头，他们长发披肩

1985年5月13日，这一天，是刘洪他们和其他兄弟部队交接的日子，也是正式进入战场的日子。他记得部队集结后，在当晚7点开始放行，车队拉大间隔，闭灯无光驾驶进入前线。他来到交接地点后，躲进了一个很小的猫耳洞，“特别小的地方，只能蹲着，里面有压缩干粮，当时特别紧张，我穿着整齐，背着全身的装备，子弹压得满满的。”

前线照片（李培乐摄）

可是，当刘洪看到要下阵地的战友时，他笑了，“对方长发披肩，我们是光头，他们穿着随意，我们则全副武装。”当时接应的战友们也好心地进行了提醒：“穿越百米生死线，一定要注意，上午10点以后再走，要一个个过，间隔五六分钟，对方有狙击手，往往第三个容易牺牲。”

看着马上要下山的兄弟部队，刘洪的眼睛停在了一张军事地图上，“那是一张越军的地图，很准确。”兄弟部队本来想要留作纪念，最后在刘洪的请求下，大方地让给了他，“有了它简直如虎添翼。”

到了晚上12点，兄弟部队说了声“刘排长，保重!”就开始撤离阵地，此时，大部队还没有上来，这让刘洪紧张到了极点，“整个阵地静悄悄，我手握着手榴弹，守着定向地雷的起爆器。”凌晨1点，老鼠咬罐头盒的声音清晰传来，刘洪大气都不敢出。突然，他听到了说话声“还得往前”，本来紧张到极点的他，马上就放松了，因为说话的是正宗的山东口音。刘洪赶紧询问：“你们是哪个部队的？咋上来这么晚?”原来是一辆高射炮牵引车翻车了，阻碍了部队的行程。

此后，他们侦察小队化整为零，开始进入前进观察所。“一开始看到脚趾甲盖没有了，我还以为对方用了生化武器，原来都是被老鼠啃了。前线雨季到处是水，猫耳洞缝隙里长蘑菇，牛虻和蚊子到处都是，曾经全身感染，一天半都吃不下饭。”

发现白衬衫手腕处还反光

炮兵侦察兵的职责就是深入前线，侦察发现目标，然后呼叫炮火予以消灭。1985年6月中旬，刘洪隐约发现了敌方一个类似营级的指挥所，离他们的观察所大约有130米远。“我一开始觉着不可能在那个位置，但后来我看到了一个穿白衬衣的人，这就引起了我的警惕，毕竟普通的士兵不可能穿白衬衣。”于是，刘洪更加关注那个点，实施多日不间断观察，发现“白衬衣”在那里活动身体，当他抬起胳膊时，迎着阳光发现其手腕有反光。

前线照片（李培乐翻拍）

这下刘洪心里明白了，肯定是敌方的指挥所，他初步判断是连以上指挥所，“真没有想到的是，我们竟然做了接近一个月的邻居。”刘洪准备继续观察，同时，夜里开始传来“咚咚”的声音，连着好几晚都有这样的动静，后来听到这种声音距离很近了。

刘洪用微光夜视仪观察，这一看不要紧，居然发现有好几个敌军正在前方打洞，“离我的哨所也就三四米远了，看上去有四五个人。”刘洪赶紧通知哨所里的战友们，把三个手榴弹捆在一起，然后朝着打洞的人扔了过去。“爆炸过后，就听到哇哇地叫。”后来了解到，炸死了三名越军，伤了两人。那五个敌人果然提前发现了刘洪他们，准备挖洞填炸药炸掉哨所，幸亏被及时发现。

目标被确定后，刘洪迅速上报炮群作战室，请求炮火摧毁，上级同意刘洪指挥射击，最终一举摧毁了敌方的指挥所，击毙敌方营长一名，“竟然是个营级指挥所。”

手刃敌人，自己浑身是血

在前线战场，还有一次经历让刘洪久久不能忘怀，并且经常出现在梦里。那是 1985 年 5 月下旬，当时，刘洪观察到越军前线有汽车的声音，用望远镜看到植被也遭到了破坏。凭着经验，他断定汽车肯定就是拉火炮用的，于是就决定抵近观察。

虽然距离不远，但是要想穿插过去却不容易，因为自己的观察所前全是地雷。于是，他就趴在地上，一点点往前爬，手里拿着尖利的探雷针，不停地插着地面，寻找地雷，“如果一插打滑，那肯定是地雷了，仅仅排地雷就用了半天时间。”事先，刘洪给战友交代，他要去悬崖下边看看，如果几点回不来，可能就出事了。

抵近后，刘洪很快就明白了，对方是在设立新的直瞄炮阵地，“正好设立在悬崖顶上，那样的炮位非常理想，如果你炮打低了就打在悬崖上，如果打高了就从他们头顶飞走，所以这种炮位被炸毁的可能性大大降低。”为了更好地掌握情况，刘洪潜身在一条小溪里。突然，他听到有两名越军走过来，嘴里说着听不懂的越南语。一旦被发现就完了，他倒吸一口凉气，赶紧拿出匕首，屏住呼吸。那两名越军一人打完水就离开了，可是另一个人看上去很年轻，撒完尿居然在河里摸起了鱼。刘洪在心里不断地念叨："你走吧，赶紧走吧。"可是，那名越军似乎来了兴致，根本没有离开的意思。

摸着摸着，距离刘洪越来越近，气氛紧张到极点。无数种方案在刘洪的大脑里飞速地闪过。最后，他下定决心背水一战，因为往回爬显然来不及，如果对方呼喊，自己也肯定没有活命的机会。他屏住呼吸，悄悄把腿全部"埋"在水里，甚至能听到自己心脏咚咚地跳着。透过一米多高的水草，他死死盯着那个越军，"我能看到他，当时他突然停下开始观察，我能感受到他眼神里有惊恐。当时，我一下子冲起来，捂住他的嘴，一下将其摁到水里，用匕首捅进对方的身体。"水面迅速变红，刘洪死死摁住对方，尽管对方极力挣扎，但很快就没了动静。此时，也传来了越军呼喊战友的声音。一扭头，刘洪才发现自己的战友刘兆军就在自己身后。"快撤!"回到哨所，刘洪惊魂未定，这时战友们看到刘洪胸口往下全是血，"排长，你是不是受伤了?"刘洪觉得不太可能，赶紧脱衣服检查，只见自己身上有三十多条蚂蟥，"蚂蟥咬得我全身是血，事后想了想，当时对方看到的应该是战友，因为战友爬过来后草被压倒了。"

前线照片（李培乐翻拍）

直到今天，那个被自己亲手杀死的越南兵仍经常出现在刘洪的梦里，"就连神态都那么清晰，一开始我很惊恐，被吓一跳，后来渐渐适应了。"刘洪说，他的办法就是不断地给自己做心理安慰，一遍遍告诉自己，是为了国家才不得不这样做。回到观察所，刘洪呼叫炮火，摧毁了那个炮阵地。

“我的儿，你都被打成了筛子！”

到了 1986 年，刘洪他们依然坚守在前沿阵地上，当时他们以为半年可以下阵地，好不容易快熬到了，却接到了上级指示，部队要做好两季作战的准备。这里需要解释一下，因战场在亚热带地区，一年就两季，即雨季和旱季，两季作战意味着还要相对长期坚守阵地。所以，在 1986 年元旦过后，刘洪摊开信纸，给好友们写了一封长长的信。这封信的底稿刘洪依然保留着，发黄的信纸昭示着岁月的痕迹，信结尾处的一句话也深深触动了笔者：“但愿我还有与你们相逢的一天！！”

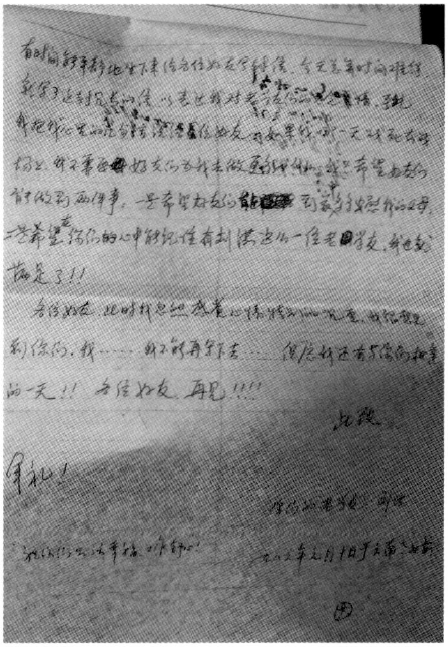

刘洪在战场上写给好友们的信（李培乐摄）

刘洪是幸运的，他最终安全地从阵地上撤下来了。他说，下阵地的那天，他悬着的心才终于落地了。由于表现突出，刘洪荣立一等功，他、韦昌进和都昌林等 20 个人成为英模代表。

1986 年 6 月 8 日，英模代表回到济南。整个经十路成为欢乐的海洋，到处是人山人海，路上还临时搭建了很多“凯旋门”，济南市民在路边扭起欢快的秧歌。那种情景，刘洪一辈子也忘不了。“大家的热情太高了，五六个小时还没有出济南，得知消息的同学们和兄弟姐妹们都来了，跑到车跟前和我握手，我抱着外甥女给我的姐姐一人一束花。”甚至一名大学生一把拽下了刘洪的一等功奖章就跑，嘴里说着“做个纪念”，好在被警察及时追回，“如果是纪念章就算了，可正好拽走的是一等功奖章。”现在说起来，刘洪还难掩兴奋，当时大家真是太激动了。

心脏不好的母亲，满心盼着去看儿子。担心出意外，刘洪的父亲骗她说电视直播，可以看电视。结果，母亲在家里一直调台，急得拍电视，愣是没有看到儿子的身影，回头想找老头子算账，可是刘洪的父亲早已没了身影。原来，说好在家里看电视的父亲，做好饭后骑着自行车赶到了经十路，远远地看着佩戴大红花的儿子，不禁热泪盈眶。

等兄弟姊妹回家，当母亲的赶紧问：“你们看清楚了，他人完整吗?”大家都说，还和刘洪握手了，人看着挺好。可做母亲的哪能如此就相信，“身上受伤你们能看见吗?”半个月后，刘洪再次来到济南，这次是去济南军区军事研究所作报告的。他心里琢磨着，这次说什么也要回趟家。于是，刘洪提出他中午不吃饭了，要回家。看到其回家心切，部队就派了一辆车送他回家。“车开到五柳闸附近，我就看到一大家子人都在等我了，我赶紧快步跑过去。”刘洪说，当时他一眼就看到母亲的头发已经花白了，“一年多不见，母亲看着像个老人了，其实还不到五十岁。”

等刘洪赶到，母亲搂着他就哭，“孩子，你可回来了，我以为见不到你了。”众人也赶紧围上来嘘寒问暖，有人拍肩膀，有人摸头，对大家来说，这一天比过年高兴多了。大家还没有热乎够，刘洪的母亲突然说：“走，快跟我进屋。”刘洪先是一愣，进而也想到了母亲的意思，于是就跟着母亲进了屋。母亲让其他人都出去，然后急切地说：“快脱衣服，把衣服都脱了!”刘洪配合着，脱得只剩内裤，母亲瞪着眼睛转圈地看着儿子，突然又哭了，“我的儿呀，身上怎么这么多枪眼，把你都打成筛子了!”听到这里，刘洪笑了，赶紧解释说：“妈，这些都是被牛虻、蚂蟥等咬伤后皮肤感染留下的疤，不是枪眼。”此时，母亲才破涕为笑，赶紧又忙活起来，“快烧水，让孩子好好洗个澡。”

后来，刘洪专门建议所在部队，在母亲所在的工厂里举行了英模报告会。母亲坐在第一排，眼睛里只有儿子。以至于刘洪后来问母亲，你听到我讲的战斗故事了吗？母亲不好意思地笑了笑说：“你讲的什么我啥也没有听到，只顾看你了！”报告会结束，厂里保留了录音，一遍遍地播放着刘洪的英雄事迹。大家没有注意到的是，一位老人骑着自行车，每次都到厂里的喇叭下面，一遍遍地听着广播，这位老人就是刘洪的父亲。

刘洪与母亲（李培乐翻拍）

后来，刘洪再次到军事院校深造，毕业后继续潜心部队国防事业，后以副团职退役到了地方大学工作。刘洪的大儿子现在已经是部队的连级干部，小儿子本来考上了加拿大的学校，因为疫情没有成行后毅然从戎，成了一名空军地勤军人。

关于军人，关于部队，刘洪相信他们家的故事还会一直继续下去。

刘洪小传

刘洪，1962 年 9 月 17 日生，济南人，大学本科学历，中共党员。1980 年 11 月入伍，在部队曾历任侦察排长、司令部侦察参谋、连队政治副指导员、指挥连连长、司令部通信股长、火箭炮营营长、团参谋长、副团长等职。2000 年 8 月由部队转业到齐鲁工业大学工作，现任齐鲁工业大学东校区党委书记、管委会副主任。

刘洪参战主要事迹：1985 年 3 月至 1986 年 6 月，奉中央军委的命令，其所在部队赴云南老山前线参加对越防御作战，曾先后参加了“5·31”“6·11”“7·19”“8·23”“9·8”“12· 2”“1·28”等重大战斗。在战斗中，刘洪带领侦察小组，冒着敌人的炮火和各种火力火器袭击的危险，累计在外执行战场侦察任务105天，共发现有价值目标2595个，其中重要目标440个，敌人人员隐蔽部55个，屯兵洞33个，炮阵地18个，机枪火力点39个，观察所7个，发射阵地71个（次），判断和报告重要情况69次；先后保障和指挥炮兵营射击28次，取得了摧毁敌120毫米迫击炮5门、82毫米无后坐力炮1门、60毫米迫击炮3门、人员隐蔽部10个、射击掩体6个、堑壕320余米、总计歼敌68人的显著战绩。因战绩特别突出，刘洪先后荣立三等功和一等功各一次。

2000年8月转业到齐鲁工业大学后，刘洪先后担任二级学院办公室主任，党委副书记，学校党委、校长办公室副主任，东校区党委书记等主要职务。他先后被评为山东省“优秀教育工作者”“三育人先进个人”“优秀党务工作者”，多次被评为“优秀共产党员”，还被评为济南市第一届“百名最可爱的泉城模范老兵”。

第八篇 一等功臣宫维权：

十七岁的一等功臣

宫维权（李培乐摄）

获得一等功的时候，宫维权只有十七岁，小小的年纪却拥有大无畏的精神，为了加入突击队（即敢死队），他毅然写下血书，唯一的愿望是牺牲后追认自己为正式党员。在参战过程中，他炸毁敌人两个火力点，消灭八名敌人。被地雷炸晕后，他醒来第一时间先晃晃头，以此确定自己还活着。现在的他，引以为豪的是女儿成为其军旅生涯的接班人。

“万元户”家的老六

宫维权的老家在山东沂蒙老区的临沭县大兴镇宫格庄村，在这片红色的沃土上，他从小就是听着战斗英雄的故事长大的。让村民引以自豪的是，刘少奇主席曾经到过他们宫格村。村里流动播放的电影中，宫维权最爱看《南征北战》《小兵张嘎》《闪闪的红星》《智取威虎山》等，“让我热血澎湃，我从心眼里开始想当兵。”1968 年出生时，宫维权已经有四个哥哥、一个姐姐，后来家里又添了两个妹妹，兄弟姊妹八人中他排行老六。

宫维权和父亲合影（宫维权提供）

说起父亲宫开弓，人如其名，他靠一已之力拉开了家族富裕的大弓。“我父亲是村里的能人，在那个年代他脑子活泛，有闯劲，曾经被县里表彰为‘养殖大王’，我们家也是实打实的‘万元户’。”1983 年，从信贷员工作上退休后，宫开弓凭着多年的社会阅历，贷款买了台“解放”牌汽车，领着宫维权的三哥搞运输、做生意。在给青岛的客户送对虾的饵料时，在养殖户的启发下，宫开弓开始从事螃蟹养殖。“就是绒毛蟹，那时候主要出口日本，曾经卖到 170 多元一斤，在那个年代简直就是天价。”后来，螃蟹生意不好做了，宫开弓又开始养鱼，最多的时候家里有十四个鱼塘，是地地道道的养殖大户，也是当地有名的致富能手。“打那以后，我家收入年年超过万元，盖了六间新房，又备齐了六间瓦房的料，添置了电视机、收录机，为此临沭县在我们村里开现场会，还奖励我爸一台拖拉机。”

日子一下子好了，那时候宫维权也初中毕业了。毕业后，他在临沭县林场保卫科当合同工，月收入一百元。照理说，他该忙活着结婚生子，享受美好的幸福人生了。但是，当兵的梦想让他难以在寂静的林场安心工作。

家族第一个兵

宫维权人生的转折点来自1984年秋天，当时临沭县组织了一次“法卡山英模报告会”，英模们慷慨激昂的话语、悲壮的事迹震撼着他，感染着他。

“参军去，我要和他们一样成为战火中的英雄。”不久，征兵工作开始后，宫维权在村里第一个报了名，他想当家族中第一个当兵的人。一个“万元户”家的孩子，有着不错的工作，选择去当兵，这着实让邻居们有些吃惊。有村民听说后一个劲儿摇头，“看你犯傻了不是？这稳当的工作不干，到部队当什么兵，甚至有人说别人想奔小康，都盼着早脱军装呢！”

那些话并没有对宫维权产生影响，“当我拿着入伍通知书找到父亲时，父亲说你的选择是正确的，希望你到部队后听首长的话，当一个好兵，家中的事你不用担心。”就这样，当时宫维权望着父亲刚毅而悄然落泪的脸，激动得一句话也说不出来，心里默想：“放心吧！我一定当一个英雄，为您争光！”同年11月，刚满十六岁的宫维权终于如愿以偿地穿上了梦寐以求的绿军装，离开老家沂蒙山，和同县的几百名新兵一起来到诸城某部，开始了三个月的新兵生活。

入伍后不久，父亲就来信了，嘱咐他好好学文化，说打好知识底子，才能进步快。当时，宫维权对部队生活觉得很新鲜，干得挺来劲。过了一段时间，他渐渐地开始为整天立正稍息、整理内务而感到枯燥又单调。正在这时，传来了部队要上前线打仗的消息，战友们议论纷纷，特别是新兵，有的害怕，后悔不该来当兵，“当时有一个新兵，为了逃避，就天天在床上撒尿，最终如愿以偿地离开了部队。”

父亲得知宫维权要上战场，急忙写了一封信，信上没有几行字，关键是末尾写道：“这一阶段要多练武艺，少学文化。”在这两句话下面用红笔画了两道线，“我明白父亲的意思，他是让我抓紧时间多学点战术技术，打仗时既能多杀敌人，又能保存自己。”由于宫维权年龄小，身高、体力都不占优势，所以在新兵连举行的第一次摸底考核中成绩不理想。为此，宫维权暗下决心，在军事训练中从严要求自己，他利用休息时间在训练中主动“加码”，每次都要比别人早半小时到场，晚半小时下场。新兵连训练总结时，他受到了嘉奖。宫维权说，这是在他的人生中第一次受到隆重表扬，当时很是激动，“从小没受过表扬，加上当时的嘉奖是投票产生的，我在第二轮投票中胜出，大家认可你，就是人生最大的动力。”带着这份激励，他更加努力，在同年入伍的新兵中，第一个加入了共青团组织。

“后悔让你当兵！”

在接到动员令后，宫维权所在的部队开始了针对性训练。那段时间训练量陡然上升，以至于大家累得沾床就能睡着。父母也担心宫维权，来部队探望，当时做母亲的看着年幼的儿子，心疼地说：“不该让你来当兵。”不过，宫维权并没有后悔，当时还笑着对母亲说：“弄不好还会立功当英雄呢！”

1985年3月19日，宫维权所在部队奉命奔赴老山前线，参加对越防御作战。和很多战友的紧张不同，年龄小的宫维权因为从小没出过远门，没见过世面，在火车上看到窗外的美丽风景，感觉特别有意思。“一些老兵还跟我们说，不能看，小心有人拿箭射你，后来想起这事，觉着是老兵们想多看吧。”就这样坐了七天七夜的闷罐车，部队到达云南昆明，又坐了三天的汽车，到达文山州，到了这儿就等于进入了战区。为了适应亚热带山岳丛林的作战，部队在这里进行了三个月的临战训练。训练艰苦而严格，很苦很累，每天一大行军壶的水都不够喝，每天他们背着一支冲锋枪、300多发子弹、10多颗手榴弹、5公斤炸药包、9 米导火索、压缩饼干、电台等必备物品，共 100 多斤重，跑 5 公里越野，练习冲锋抢占山头、投弹、射击。射击需要练习夜间射击，还有出枪和射击速度，“枪法不准，射击不快，可能就活不了。”为了训练胆量，部队夜间进行按方位找点训练，连长甚至有时将写好的纸条放在山中的坟头上，让战士在夜里按方位去寻找。“有的搜寻目标就在山洞里刚刚埋的过世人坟头上，很多人不敢进洞去取，有的到了天亮都回不到部队。”宫维权却如鱼得水，因为胆量大，还被部队首长安排做示范。

由于水土不服，宫维权得了疟疾，当时都站不起来了，一个人躺在军营里开始想家。“那时候小，生病了就更想家，毕竟才 16 岁，加上从来没有离开过父母，就感觉很孤独，每天都盼着家里的来信，我拿着家里人的照片就在那里哭。”虽然已经过去这么多年，但是说起这段经历，宫维权眼圈又红了，后来眼泪止不住掉了下来。不过，连长、排长的谈心和战友们的照顾，让他很快摆脱了心理和生理上的痛苦。

战场合影（后排右一为宫维权）（宫维权提供）

临战训练结束后，部队就要开入真正的战场——云南麻栗坡老山前线。出发前，部队举行了隆重的誓师大会。军、师首长为宫维权和他的战友们戴上大红花，并给每一位战士敬一支烟，敬一杯壮行酒。1985 年 5 月 25 日，宫维权所在的班奉命开赴八里河东山负 30 号阵地进行防御作战，该阵地是他们连防御最前沿的阵地。气温高，背着一身的装备，让他们大汗淋漓。路上见到一个卖汽水的，他赶紧去排队，可惜排到了钱却不够，只能是望汽水兴叹。晚上到了有水的地方，也顾不上水干净不干净了，摘下钢盔就冲下去，咕咚咕咚喝了大半钢盔的水，“当时钢盔里全是汗，但啥也不管了。”

一战四人受伤

由于年龄小，到了前线阵地后，宫维权给排长当通信员，住在用厚钢板搭建的隐蔽部里。隐蔽部相对于猫耳洞而言绝对算得上是“豪宅”了，既安全又舒适。可是，这样的日子很快就被打破了。

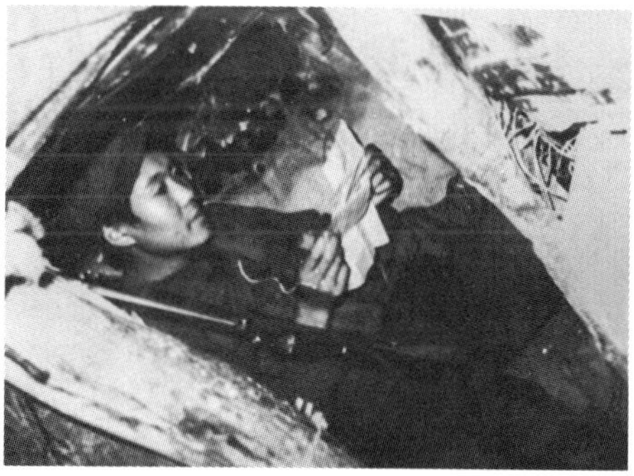

宫维权在哨所（宫维权提供）

5 月 31 日凌晨，阵地上飘着团雾，越军发动了偷袭。等发现时，距离已经很近了，敌人首先朝哨位上扔手榴弹，全班立即反击。“我冲出猫耳洞时，发现战友陈希全手和腰部负了重伤，流血不止，我急忙给他包扎，并要把他背下阵地。”陈希全一边忍着疼痛，一边说了声“阵地要紧”，结果还没等宫维权包扎完，又冲了上去。宫维权赶紧加入战斗，扔出去一圈的手榴弹。这一战，他们班一下伤了四个人，两个还是重伤。这次战斗，战士们打死打伤十五个越南兵。战斗一结束，班长觉着宫维权年龄小，是全连最小的战士，就安排他做饭。“我就找班长，要求上哨位。班长同意了，要把我放在比较安全的哨位上，我坚决要求到最前方、最危险的哨位。”最终，他一个人坚守2号猫耳洞一个多月，“白天睡觉，吃了晚饭，就得睁大眼睛了，一听到动静就打。”

宫维权说，当时吃水很困难，甚至要冒着生命危险，“我们两个战士为一组，背着枪和手榴弹到山下背水，每次背水五十斤，一个上午才能背一趟。我们格外珍惜水，防御阵地五个多月，我几乎没刷过牙、没洗过澡，一管牙膏五个月都没用完。由于阵地潮湿，又不能洗澡，我留下了烂裆的毛病。”

写血书当突击队员

10月份，他们撤下阵地进行休整。这段时间在宫维权的人生中留下了难以忘记的美好回忆。据他介绍，当时有三分之一的时间都在看演出，“当时有很多的慰问团演出，每天都过得特别充实，迟浩田将军，董文华、陈佩斯、朱时茂等我都见过，还有古月，以及黄继光的家人。”在慰问团的鼓舞下，宫维权说自己有了要立一等功的想法。

宫维权的请战书（复印件）

11月，宫维权所在的连队接受了出击作战任务，连里要组建突击队。当时大家也称突击队员为敢死队员，加入突击队，意味着随时都有牺牲的可能。宫维权第一个写了坚决当突击队员的血书。连长觉着他年龄小，把他分到了军工队。宫维权一听就急了眼，再次咬破手指写了“不当突击队员誓不罢休”的血书。笔者在采访中看到过宫维权保存的一张血书复印件，其中写道：“在战斗中，坚决和敌人拼到底，宁愿前进一步死，决不后退一步生，誓死不降。

动员大会上，大家为了能当上突击队员，争相登台摆条件，宫维权站起来说：“我当突击队员有三个条件，一是论军事技术，我在全连战士中是拔尖，应当让我先上；二是论家庭条件，我家是‘万元户’，弟兄五个，没有后顾之忧；三是我还没找对象，光棍一条，没有更多的牵挂。”最终宫维权如愿以偿。当时突击队分为三个突击群，第一突击群担负主攻任务，突击队长是宫维权的排长，在宫维权的请求下他顺利加入第一突击群。“集结等待了三天，那三天，每天一盆牛肉，全都是好吃的，我们需要等一个雾茫茫的天气。”1986 年 1 月 27 日，晚上 8 点，突击队员从山洞出发。为防止被地雷炸伤，大家都抓着绳子往前走。

战场上与战友的合影（宫维权提供）

1986 年 1 月 28 日凌晨，战斗打响后，按突击群指挥员命令，他和组长宗建良、战友王伟沿敌 55 号高地左翼向上冲击，组长冲在最前面，为全组和后续部队探路。突然，距他们三十米处，敌人的一个伪装的隐蔽部疯狂向突击队扫射，位于右边的战友一下全都牺牲了。“按我们组原来计划，王伟是第一爆破手，我是第二爆破手，我看来不及了，没等组长下达命令，一个翻滚到了左侧，在战友的掩护下，迅速向敌接近，把五公斤的炸药包塞进了洞口，炸毁了敌人的这个火力点。”我军在这个火力点毙敌三名，缴获一具单兵火箭筒、一挺机枪、一支冲锋枪，很快占领了敌人堑壕。继续冲击时，又发现一名敌人在隐蔽的哨位上拼命地向突击队员射击，宫维权立即利用有利地形，掏出炸药块甩了过去，当场就把那个敌人炸死了。大约向前走了十八九米处，发现敌人一个坚固长形工事，宫维权和战友柳金军相继向洞里投了几块固体炸药，躲在工事里面的顽固敌人没全被炸死，剩下的三个敌人企图从洞的另一端逃跑，“我一个扫射，两个敌人当场被打死。”经过两个多小时的激烈战斗，占领了全部阵地。“我们突击群九个人牺牲了七个，其中牺牲的程国看我年龄小，还经常逗我玩，还说等战争结束去我家看我，可惜他没有等到那一天!”说到这里，宫维权沉默了好长时间。

被炸晕以为自己死了

宫维权做梦也没有想到，他在敌人的堑壕里掩护战友照相取证时，突然“轰”的一声，他眼前一黑就倒下了。“当时第一感觉就是自己死了！钢盔和枪也都没有了。”醒了之后，他先是晃了晃头，“头能动，我一下就高兴了，自己没有死，我试着睁眼，也能看到，但是感觉左眼看不到了。”原来是战友踩中了地雷，宫维权说幸好那是一个木地雷，不然这个世界上早就没有他了。“我的左眼、左耳和左手被炸伤，在血流不止、疼痛难忍的情况下，我咬紧牙关坚持战斗，紧握冲锋枪向反扑点猛烈射击，两个敌人应声倒下，接着又配合战友打退了敌人的一次反冲击。”

战斗结束后，十五名战友轮流抬着宫维权下战场，“下山时，因为高度差，担架后边的人跪着，前边的人就要举过头顶。”一听到炮响，大家放下担架趴在他的身上保护他，宫维权现在想起来都暖心不已。

“1·28”战斗结束后，宫维权所在的营、连、排、班分别荣立集体一等功。他所在的连队十一人荣立一等功，他自己也荣立一等功，当时才十七岁。“但是，我觉得最应该受到表彰的是那些牺牲的战友们，对我影响最深的是同班战友程国。”宫维权说，程国有一个幸福美满的家庭，父母都是地方的中层干部。他本人是烟台警备区的代理排长，选调战斗骨干时，他主动要求上前线，补入到阵地上。“我们俩住在一个猫耳洞，很要好，无话不说。我问他干什么放着排长不当到这里来受罪？他说：‘人活着要有意义，什么事都干，什么苦都吃，这样锻炼大、提高快。’他带了许多青年读物和杂志，还有数理化课本，我俩经常躺在猫耳洞里看这些东西，有时还讲个故事，一起哼个家乡小调。跟他在一起，我就觉得战场上的生活是乐观的、幸福的。”程国有个恋爱三年、在省城医院当护士的对象，本打算那年退伍结婚。可是，他到了前线不久，就收到了女朋友的绝交信。

“那天晚上，程国拿着女朋友的照片，给我讲述了他们热恋时的情景，从他的话语中，我看出他对女友怀念和痛苦的心情，但他没有因此而消沉。”宫维权说，有一天，敌人一阵炮击之后，猫耳洞里四十多斤煤油起火，旁边就是程国装生活用品及120元钱的箱子，他第一个冲上去救火，本来可以先把自己的箱子搬到安全地方，但他没有这样做，而是全力抢运弹药和其他同志的物品，眼看着自己的衣物和钱烧成了灰烬。一次出击作战中，他冲在最前面，炸毁了一个敌人的暗火力点，为连队开辟了通路，自己却光荣牺牲了。战斗胜利结束后，程国被抬下阵地，发现他身中十八弹。当时宫维权趴在他那血肉模糊的身上放声哭喊着：“程国，我的好战友，你不能离开我们啊……”那段时间，程国的身影天天萦绕在他脑海里。

“帮我整理遗物，请抽烟，辛苦了！”

1986年4月，兄弟部队接防，从前线撤下来，在砚山县休整一个月。当养好伤回到驻地时，宫维权看到曾经九个人的帐篷中只剩下了副班长曾建良，曾经的热闹再也没有了，“有一天连长过来敬酒，我们才知道是过春节了。”那段日子，可以说是最难熬的，比在战场上厮杀还要艰难。

在帮战友整理遗物的时候，发现了一张压在被褥下的纸条还有一包香烟。他缓慢地打开纸条，等看到上面写着的一行字时瞬间泪崩：“帮我整理遗物，请抽烟，辛苦了！”现在说起来，宫维权还是难掩悲伤，他永远忘记不了那个时刻。还有老家在莒南的战友李克亮，他在冲锋的时候被炮火炸伤，由于无法迅速转移，随即牺牲在接下来的炮火中。宫维权给他收拾遗物时，居然发现部队发的罐头都还藏着，“他家里比较困难，部队发的罐头自己都不舍得吃，看来是想带回家给父母尝尝，可是他自己却牺牲了。”

战后，宫维权作事迹报告（宫维权提供）

对宫维权来说，他的战斗结束了。“没死，立了一等功，自己彻底放松了。”拍了个电报给家里，结果因为表述的问题，家里人竟然以为他牺牲了。5 月 31 日，宫维权乘车回到了诸城驻地。第二天，他的父亲开车赶到了营地，“我父亲在我仍在前线的时候，已经去了我们部队营地好几趟了，终于在第四趟见到了我。”连长买来烧鸡，炒了菜，宫开弓畅快地喝着这幸福的小酒。从硝烟弥漫的老山前线回来后，宫维权多次被邀请到机关、学校、工厂作报告，受到群众的热烈欢迎。

最难忘的是，1988 年他出席了在北京召开的全军青年工作会议，受到时任国家主席杨尚昆和军委领导的亲切接见，并被评为全军“优秀青年”。

破格入军校

从前线撤下不久，军队院校要从参战部队挑选一批功臣、骨干入校深造。宫维权得知这个消息后很高兴，觉得上了军校，还能提个干部。按规定，凡立一等功，具有高中文凭，就可以免试保送军校。可惜他是初中毕业，不够入学条件。1986 年退伍工作开始时，几个同乡找他合计，打算趁着“老山热”的时候早点退伍，回家找个好工作。

“维权班”（宫维权提供）

当时老家临沭县里规定，一等功臣回来能进县城，工作可以选择，享受五级工的待遇。但是，当连长问宫维权是走还是留的时候，他坚定地表示：“走留听从组织安排，让我干几年，我就好好地干几年。”就这样，他又留了下来。1988 年，宫维权又一次面临是走还是留的问题。这时，突然接到上级命令说组织上决定保送他到信阳陆军学院学习。这个机会可以说是来之不易，1988 年宫维权其实已经做好了退伍的准备，可是却天降喜讯，这与他出席在北京召开的全军青年工作会议，受到时任国家主席杨尚昆和军委领导的亲切接见，并被树为全军

"优秀青年"荣誉称号不无关系。试想，一个获得如此荣誉，各方面又是尖兵的人，部队怎么可能让其离开。上级给宫维权展示了一张保送其上军校的"军区干部电话通知"，上面有当时四位将军一致同意的签名。

没想到的是，进军校后第一次考试就给他来了个下马威。由于入学时文化基础差，仅有初中的底子，学习十分吃力，物理考试仅得了13分。"我想自己打仗是英雄，学习也绝不能是狗熊，一定要对得起组织对我的关心和厚爱，于是暗下决心，一定要刻苦学习，争当标兵。"在学校领导和老师的帮助下，宫维权每天训练结束还到学习室复习功课到凌晨，周六、周日学习到天亮。入学一年半时间没进过市区，暑假和春节期间在家坚持学习。遇到不会的难题，就虚心向老师和同学请教。一年半后，他的学习成绩突飞猛进，名列前茅，为此学校给他记了一次三等功。参加工作后，宫维权继续勤奋学习，通过自学拿到了大学本科文凭，后来又上了在职研究生。

三代军人的荣光

宫维权一家（宫维权提供）

军校毕业后，宫维权服从组织安排，到原信阳陆军学院大理石厂任厂长，当年就为大理石厂创收二十余万元。后来，他来到学员队任副队长，所带的学员队多次获上级嘉奖。为了改善学员的伙食，宫维权与战士一起工作，择菜、炒菜、做馒头。1999年，军队进行大整编，他退役到济南市政府办公厅工作后，无论是干保卫，还是在市政府总值班室工作，都严格要求自己，从不居功自傲，尽职尽责，受到市领导的表扬。现在的他是济南市应急管理局一级调研员、安全生产专员。

更让宫维权高兴的是，他的女儿成为国防科技大学的一名学生。“我最大的愿望就是孩子能够进军营，一开始孩子想出国留学，我一直憋到高三才告诉她让她去军校，没想到她同意了，当时非常高兴。”宫维权的女儿宫梓怡拥有 1.85 米的高挑身材，在高二时参加世界小姐大赛并被评为山东赛区“十佳选手”，多家艺术学校向她伸出橄榄枝，但她在父亲的影响下毅然选择报考军校。来到军校后，宫梓怡为了向优秀学员看齐，严格要求自己。由于表现突出，她在军校光荣加入了中国共产党。那时，她想起了姥爷那句“能入党是一辈子的光荣”的话。她内心在想，如若姥爷还在，听到这个消息该有多高兴。

梓怡口中的姥爷，也就是宫维权的岳父沈作臻。据沈作臻的儿子沈焕军介绍，沈作臻 1923 年出生，1943 年在家乡山东济南参军，入伍后光荣入党。随后，相继参加了抗日战争、解放战争和抗美援朝。其中，沈作臻在解放战争中参加过孟良崮战役、莱芜战役、淮海战役和渡江战役等，可谓九死一生、屡立战功，曾荣立一等功一次、二等功两次、三等功两次。

1950 年，沈作臻随部队开赴朝鲜，人生又迎来一次大“考验”。在上甘岭战役中，看到身旁的战友纷纷倒在枪林弹雨中，作为孤胆侦察连连长的沈作臻急了：“死也要守住!”为了掌握敌火力点部署，他带领全连战士前赴后继，冒着密集炮火前去侦察。在一次侦察任务中，他不幸被敌人的流弹击中，当即昏迷过去。等他在后方医院醒来时才得知，是战友冒死将他拖回阵地，而他们连队有多个班的战士全部牺牲。沈焕军说，父亲的事迹在一个立功簿上是这样记载的：在配合二九五团执行强袭敌炮群任务中，他亲自带领三人到目的地后，即要求捕俘任务，当他插进敌炮群时，敌人火力射击很猛，他们三人在火力包围中，击毁敌地堡四个，歼敌六名，在完成任务后又掩护其他侦察员完成对敌一个炮群的毁灭性打击，使敌人三天未能向我阵地射击。

经历了枪林弹雨后，沈作臻被授予上尉军衔。1962年，沈作臻响应党的号召，放弃转业，坚决复员。当时他内心所想与个人的发展无关，只愿乡亲们过上好日子。于是，作为村支书的他，带领乡亲们打机井、建水库、修水渠，竭尽全力改变乡村贫穷落后的面貌。因在战争中多次负伤，身上多处弹片未能取出，阴天下雨他的身体都会疼痛难忍，加上积劳成疾，哮喘病、肺气肿、肺心病缠身，在受尽病痛折磨后，于1978年不幸去世，生命停止在五十五岁，去世时家中贫寒。据了解，生前，沈作臻爱人曾多次提醒他找组织评残，申请点补贴维持生计，他坚决不肯："比一比牺牲的战友们，我们活着就应该知足!"

三代军人的情怀，祖辈父辈都参加过战争，在这样的家族氛围中，宫梓怡自觉上紧了弦。"女儿也一直是典型，在军校表现很优秀，让我很欣慰。有次我和女儿回老家，一个小男孩一直跟着她，说姐姐我长大了可不可以穿和你一样的衣服，我女儿蹲下身子笑着说'你好好学习，将来我接你'。"现在宫梓怡已经以优异的成绩成为国防大学的研究生，当听到这个消息时，宫维权说自己是幸福的。

宫维权小传

宫维权，山东省临沭县人，1968年7月出生，中央党校研究生，现任济南市应急管理局监察专员、一级调研员。1985年1月入伍，1985年3月赴云南老山参加中越边境防御作战。十四年军旅生涯中，先后荣立一等功一次、二等功一次、三等功五次，并于1988年6月受到国家主席杨尚昆和军委领导亲切接见，被授予全军"优秀青年"荣誉称号。此后又被全军、原济南军区、信阳陆军学院评为"优秀共产党员"，荣获原济南军区建功章一枚，六次被原济南军区表彰为"学雷锋标兵"，获得学雷锋奖章一枚，还被济南市授予"荣誉市民"称号。1999年转业到济南市政府办公厅工作，先后担任办公厅主任科员、保卫处副处长、市应急办值守处处长（办公厅保卫处处长），市应急管理局监察专员、一级调研员。作为一名老兵，他在战时英勇奋战杀敌，和平时期更是积极投身于社会主义建设和发展事业中。在济南市政府办公厅工作期间，宫维权连续九年被评为优秀等次，荣立三等功四次，被评为“优秀共产党员”六次。2010 年 7 月竞争上岗济南市政府总值班室值守处处长。

第九篇　一等功臣王宝忠：

坚守距敌直线距离三米的猫耳洞，与战友一起炸掉敌人屯兵洞

王宝忠（李培乐摄）

在物质贫乏的20世纪80年代，王宝忠家那是响当当的“万元户”。衣食无忧的他，却有一颗去军营锻造的心。带着这份心心念念，他穿上了军装，也走上了战场。他在战场上搬运过战友的遗体，也经历过战场上的暖心一刻。现在，含饴弄孙的他说话平缓，最喜欢的事情就是早晨提着油条豆浆走在去女儿家的路上。

“万元户”家的老大

2022年10月下旬的一个早晨，在槐荫区济南森林公园附近，王宝

忠正在早餐店买着油条豆浆。到了家里，把早餐一放，两个孙辈围上来喊着“爷爷、爷爷”，这时的他，眉眼都是笑意。说起那场战争，王宝忠叹了一口气，“简直不敢想象现在这其乐融融的生活，我们老二班，牺牲了三人，残疾了四人。”安顿好孩子，王宝忠的记忆被拉回到了上世纪80年代。

提起上世纪80年代，很多人想到的都是物质的贫乏。但是，当时家住槐荫吴家堡的王宝忠家，却从没有为吃饭发过愁。1964年出生的他，是家中的老大，下边还有两个弟弟和一个妹妹。从小他们吃的就是米饭和馒头，他也习惯于这样的生活，用他的话说就是“过上了万元户的标准”。

这一切都得益于王宝忠的父亲。他的父亲在那个年代算得上是个“能人”，做了村里三年的小队队长，让自己的小队成了最好的小队，后来带着大家的期望又干了一年大队队长。在改革开放的春风里，王宝忠的父亲建起了自己家的家具厂。“销路很好，还雇着人干活，当时好多的家具都是定制，我有时间也帮着送家具。”凭着这个家具厂，让王宝忠从来没有受过“缺钱”的苦。

初中毕业后，王宝忠并没有想着子承父业，他本想考入中专端一个铁饭碗，但那个年代中专太难考了。考试失利后，他决定当兵，“我从小就挺羡慕当兵的，后来就心心念念想当兵。”

亦工亦农的子弟兵开赴前线

1982年，王宝忠进入了军营。他清晰记得，当年乘坐11月3日晚上11点03分的火车离开家，他始终觉着这个数字很神奇，所以现在看到11和3就觉着是自己的“幸运数字”。

一开始到部队，和他想象的部队生活并不一样。“我们那时候主要是打山洞，有时一干就是48小时，不能合眼，吃饭也要倒班吃，就是为了让水泥更好地一起凝固。”干到最后，他们往往全身都是水泥，远远看去都像是一尊尊雕像。那时的条件可不比现在，即便是北方的 12 月份，干完活的他们毅然跳入当地的水库，以便冲刷掉全身的水泥。

除了打山洞，他们还到济宁鱼台收过稻子，这种亦工亦农的军营生活持续了将近两年。“1984 年年底接到了动员命令，1985 年 3 月份，我们就开拔了。”王宝忠说，那时大家几乎都没有出过远门，开始穿着厚厚的衣服，部队一边往南走，大家一边脱衣服，到了云南当地人穿的是短袖。到了云南，王宝忠才给家里写了一封信。见过世面的父亲回了信，“跟我说保家卫国是很自豪的事情，鼓励我在部队好好干。”

上前线的日子还是来了，那一天是 1985 年 8 月 5 日，他一辈子都不会忘记。“照明弹时不时照亮夜空，炮弹呼啸着就过来了。”周边的石头被炸得咔咔响，还有的炮弹“空爆”。那种场景尽管之前听了无数遍，但现实还是超出了他的预期，队伍中有人甚至吓得蹲着不敢再走。就这样，冒着炮火，他们进入 166 高地的 10 号哨位。此时天快亮了，他们一直猫着，等到天黑才进入 3 号哨位。

云南的天气，再加上猫耳洞内闷热潮湿，让大家都穿不住衣服。军工们送上来的水，他们也基本没法喝，“水袋里面半袋子都是泥，我当时喝第一口的时候直接就吐了，后来习惯了，再后来我们想办法喝雨水。”

抬战友遗体，六十多米“走”了几个小时

战场是残酷的，很快 6 号哨位就传来了噩耗，张建业和李广珂接连牺牲，其中李广珂更是 8 月 14 日晚上到了洞里，15 日凌晨就牺牲了。

虽然张建业牺牲了，但是却无法及时转移出去。等到当时在 3 号哨位的王宝忠和排长王东山来搬运他的遗体时，遗体已经严重变形，特别是面部已经肿胀得不成样子。当时他和王东山负责转移遗体，杨运

雄则负责警戒，“当时人一丝不挂，使劲一拽皮肤都脱落，哎，不说了。”那段经历他一辈子都无法忘记。

在李广珂牺牲后，为了补充6号哨位，王宝忠调整进入了6号哨位。仅容一人通行的猫耳洞内，战友李广珂的遗体还在里面。根据描述，6号哨位洞口高六十多厘米，宽五十余厘米，只能爬着进出。其内部很像一个扭曲的“U”或“V”字形，上下两层，高低不平；下层从洞口平着向内到拐弯处不足两米，上层仅有一米半左右，洞内最高的地方可以坐直身子，矮处刚好伸开两只脚。当时的王宝忠已经顾不上害怕，他们需要及时将牺牲的战友运出猫耳洞。

由于洞口小，两人竟然无法将遗体搬运出去。最终，付泮忠、齐华平、王宝忠三人一起把李广珂战友的遗体搬出了猫耳洞。由于6号哨位特别突前，有点动静就会引来敌人的手雷。一边要搬运战友遗体，一边大气都不敢喘，更不敢弄出些许动静。他们就像是蜗牛一样，在被炮弹炸得光秃秃的山上一点点挪动。“总共六十多米，我们用了好几个小时才抬过去。”战友的牺牲对他们的冲击还是非常大的，送下遗体后，他们都已经木然，“心里净难受了，只记得当时排长问，还记得路吗？能回去吗?”现在回想起来，王宝忠依然难掩悲伤：“在麻栗坡的时候，我和李广珂还相互鼓励，没想到那就是最后的交流，再见面他就牺牲了。”

王宝忠说，面对战友的牺牲，6号哨位当夜大家全无睡意，他们每两人一组开始相互轮流，或前出潜伏放哨、侦察敌情，或在洞内值机守护、接应。阵地上到处都有枪声、炮声、手榴弹和手雷的爆炸声。很快大家就摸清了状况，敌人的哨位离着也就十米左右，所以他们说话都要贴着耳朵，甚至放屁都要忍着小点声。

为了防止再有牺牲，6号哨位的战士们把衣服塞在了洞口的上方，趁着双方炮火停息的短暂间隙，迅速把周围的石块搬来放置在哨位洞口上方，以增加哨位洞顶厚度，用来抵挡和抵消炮弹爆炸的破坏力，并降低手雷爆炸造成的破坏和冲击。白天索性直接把洞口用石块封死，让6号哨位“隐形”。采取了以上措施之后，6号哨位的安全性大大增加，大家悬着的心也渐渐放下。此后时不时炮火连天。王宝忠记得，9月8日那天，他们猫耳洞一天就扔出去几十个手榴弹。

炸掉敌人屯兵洞

虽然敌我离着很近，但是双方都无法准确地判断对方的猫耳洞位置。“我们经常听到附近有动静，于是通过近几天的抵近侦察，再和以前潜伏侦察的情况相结合，判断附近应该有屯兵洞。”王宝忠说，1985年9月26日这天晚上9时许，他们在排长王东山统一指挥协调下，由林广龙担任爆破手，付泮忠和他负责前出掩护，齐华平值机，利用夜暗和零星炮火干扰，秘密接近敌人。

王宝忠戎装照（资料片）

王宝忠说，当时林广龙战友抱起大约有十六公斤重的梯恩梯炸药包慢慢地向前爬去，手中还要拿着一颗手榴弹和一颗“光荣弹”，赤裸着身子趴在被炮弹炸得棱角非常锋利的石块上向前慢慢蛇行。所有人都紧张得大气不敢喘，生怕弄出一点动静，那样将前功尽弃，还可能牺牲。最终，林广龙将十六公斤炸药放在敌屯兵洞一侧，“那里正好有两块大石头，正好可以放在中间。”经过请示汇报后获准起爆，一声巨响，乱石纷飞，“对方的猫耳洞被炸塌，把我们的猫耳洞顶上都炸了一个窟窿，后来我们才知道，其实我们双方的猫耳洞几乎背靠背，直线距离也就三米。”

爆炸声过后，他们在猫耳洞安静地度过了一夜。要是以前，一有点动静，手雷就会扔过来，那晚却没有，这是他们不熟悉的安静。后来经过统计，那一次爆炸，炸死了五名越军，重伤了十一名越军。

扔过去月饼，扔来黑面包

1985 年 9 月 29 日，是那年的中秋节。虽然在前线，但是也要过节。送给养的人员给他们送来了月饼和烧鸡。面对烧鸡大家都充满了期待，因为整天吃各种罐头，已经让大家难以下咽。可是，拆开烧鸡一看，大家空欢喜一场，“天气太热了，烧鸡全都变味了。”王宝忠说，当时看着太心疼了，那么好的鸡肉。

不过，月饼没有让大家失望，在猫耳洞里吃月饼，让他们一辈子都记得。“为了配合部队的政策，我们还扔了一些月饼到越军的阵地。”可是月饼刚扔过去，那边的手雷和炸弹就过来了，“咣，咣”，就这样，在爆炸声中，他们度过了那个难忘的中秋节。

本来以为就这样结束了，没想到第二天晚上越军就扔过来黑面包。“大家都是人，都是为了各自的国家，他们也是投桃报李，估计黑面包就是他们的好东西了。”这是难得的战地温情。

在残酷的战场上，受伤是家常便饭，有一次，王宝忠突然发起高烧，只好下阵地去治疗，“我以为是被蚊子给咬了起了一个疖子，结果军医用药棉一擦，居然是弹片。”还有一次，他正背着罐头往哨位赶，突然就听到炮弹带着风过来了，他赶紧 滚，随之炮弹在身旁炸裂。好在他滚下去的地方有落差，不然后果不堪设想，这次遭到炮击导致他腰部被石头硌伤，“还摔烂了一箱罐头。”

看淡生死，坦然面对亲人去世

1985 年 11 月 21 日，王宝忠完成了所有的任务，部队轮换，他们终于撤离了阵地。“太激动了，过了百米生死线后，我们知道可以喊了，所有人都嗷嗷地喊起来，‘老班长，我想你了’，我也大喊着。”在猫耳洞连说话都从不敢大声的他们，就像是失去声音后，突然能够开口说话的人一样，尽情喊叫着。

可是，疯了一样地赶回驻地，真正见到了日思夜想的炊事班老班长，王宝忠却再也说不出话。他怔怔地站在那里，浑身污垢，炊事班长见到他，也没有说话，两人互相看着，脸上的泪水都不停地滴落。沉默很久之后，就听到炊事班长说：“不容易，活着回来了。”由于大家在战场上吃不好睡不好，下阵地时又过于兴奋，大家胃里简直是翻江倒海，结果都吐了。

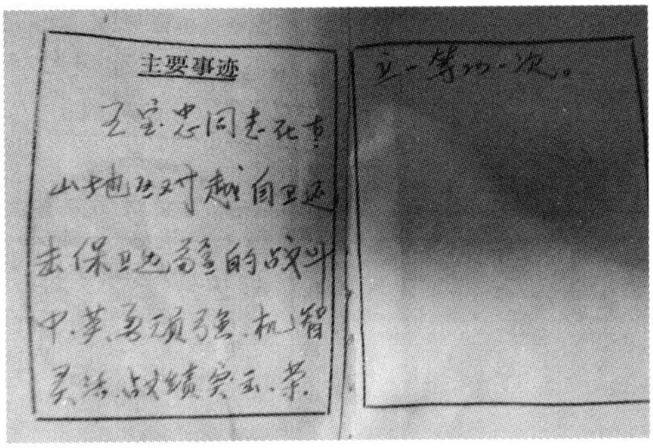
主要事迹

王宝忠同志在老山地区对越自卫还击保卫边疆的战斗中英勇顽强，机智灵活，战绩突出，荣

立一等功一次。

王宝忠的立功评语（李培乐摄）

平稳之后，王宝忠做的第一件事情就是给家里写信，“到阵地就写过一封，之后再也没有写过，我担心家里人一直收信，突然收不到了会更难受。”在这封信里，王宝忠第一句话就是：“爸妈，我活着下阵地了。”经过评定，王宝忠荣立一等功。回到家，他满脑子都是日思夜想的亲人，但是这次他没有看到爷爷。

“我和爷爷的关系很好，没有看到他，我连着问了两遍‘爷爷呢?’我妈说‘你爷爷没了’。”当时，王宝忠说他的心里很难受，但是竟然没有掉眼泪，他说其实自己很心疼，也很爱爷爷，但是经历了战场的残酷，让他觉着爷爷安详地走了，何尝不是一种幸福。

王宝忠的一等功奖章（李培乐摄）

看到妈妈的白头发多了一半，王宝忠毅然选择离开了部队，“给国家尽过忠了，

要给父母尽孝了。”就这样，退役之后，他被分配到了济南铁路局济西车辆段。说起现在的生活，王宝忠说：“每年退役军人事务局都会给发慰问金，也让我去疗养，现在有空就和战友聚聚，这辈子不亏。”

王宝忠小传

王宝忠，1964年3月15日出生，1982年10月加入原济南军区某部一营三连，为步兵。1985年8月5日参战，负责那拉口地区166高地，先后坚守3号哨位和6号哨位，战后荣立一等功。退役后到济南铁路局济西车辆段工作，目前已退休。2019年，在中华人民共和国成立70周年之际，荣获中共中央、国务院、中央军委颁发的“庆祝中华人民共和国成立70周年”纪念章。

第十篇　一等功臣丁勇：

“生死天注定，成败我做主”

丁勇（本人提供）

在硝烟弥漫的战场，只有通畅的电话线才能保证指挥系统的正常运转。在济南章丘区就有一位通信连的老兵，他所保障的电话线被称为“炸不断的电话线”，他也因此荣立战时一等功。

吃不饱的童年

丁勇，目前已退休。虽然身体里还残留着弹片，但退休前他却一直活跃在宣传一线，曾担任济南市公安局章丘公安分局的四级高级警长。说起往事，他历历在目。

1963 年，丁勇出生在山东青岛原胶南县大村镇田庄村。虽然家乡靠海，但他们家是地地道道的农民。在他出生后的那个年代，不但吃不着海鲜，即便是干粮也望眼欲穿。“都很困难，家里没有吃的，柳树叶、榆树皮、地瓜秧等都吃过。”丁勇说，那时候都是在生产队挣工分，一年到头忙活，但是吃都没得吃。

在这种贫困的状态下，家人还是尽量让丁勇上学识字，“当时初中毕业，考中专差2分，所以我就决定当兵了。”（这里需要普及一下，当年学习好的学生基本都是考中专，很多中专读两年后就可以就业，而且就业情况非常好）

求学路受阻，丁勇依依不舍地离开校园，于1980年进入青岛造船厂，“临时工，一天干八个小时，拼了命地下苦力。”干了六个月之后，丁勇决定换一种活法，那就是选择参军入伍。

从勤务兵到架线班长

1981年底入伍后，丁勇成为原济南军区某部步兵二营五连的一员。入伍时，丁勇身高1.69米，由于训练量大，吃饭也多，丁勇三个月后身高就达到了1.73米。新兵训练结束后，凭借自己过硬的军事素养、个头等条件，丁勇被挑选到通信班，“通信班在司令部值班，给首长打饭、取报纸等。”

两年后，丁勇被调到司令部的招待所，在这里给团政委当勤务员。后来接到参战命令，丁勇主动写了请战书，因此回到连队。他说，当兵就要打仗，就要勇敢面对炮火，这是义不容辞的。就这样，1985年3月，丁勇随部队奉命开赴云南老山前线，担任通信连有线电排架设二班班长。“当时去前线前也没有回家，就给家里写了封信，我妈几乎每天都在村后边的山上哭。”

丁勇戎装照（丁勇提供）

相信很多人也从影视作品中见过通信兵，他们背负电话线匍匐前进，很容易将自己置于危险之中——影视作品中，很多时候他们会成为敌方狙击手的目标。丁勇的任务就和影视作品中的通信兵差不多，战斗中放线员要保证紧跟指挥员，单机不离身，线头不离机，边架边通话。担负线路抢修的人员也是这样，身上电话机、电话线一样不能缺，紧随线路跑，哪里断了哪里接，做到随断随接，确保跟得上、通得畅。“很多时候来不及吃饭，水都喝不上，我和副班长还配着冲锋枪，每人还有一颗‘光荣弹’，一旦被俘，就会拉响‘光荣弹’和敌人同归于尽。”在一年多的边境防御作战中，丁勇带领全班八名战友按照部队的安排保障通信，“背着线滚子，在丛林里隐蔽前行，晚上都不敢睡，害怕被抓走。”他们在多次敌人反扑和拔点作战中，都出色完成了有线通信的保障任务，确保了通信联络不中断，指挥不间断。

负伤不下火线

让丁勇永生难忘的是 1985 年 12 月 2 日那天的战斗。为了更好地保障线路，丁勇在 12 月 1 日提前将所有线路走了一遍，并且架起了两条高架电话线，因为高架线不容易被炸断。2 日，我军收复某高地的战斗打响后，丁勇冒着炮火，匍匐前行离开工事，观察炮弹炸点对通信线路的影响。突然，敌军一发炮弹在他身旁炸响。10 分钟后，丁勇被战友抬到了工事里。还没来得及好好喘口气，前沿传来信息，说刚刚五条主要电话线都被炸断了，听到这个消息，丁勇心急如焚，不顾大家的劝说，再次冲出工事，他说当时根本顾不上自己身上的伤，只想尽快地将炸断的电话线接通。

毕竟是血肉之躯，又一次巨响后，丁勇再次负伤。“这次我的头部、肩部和左腿多处被击中。战友们为我包扎伤口时，都掉眼泪了，都不让我再出工事。”可丁勇知道，这是战场，他必须保证电话线的畅通，他当时说：“我是班长，共产党员，必须上！万一我回不来了，你们再上！”说完，他又冒着呼啸的炮火冲出工事。

在工事之外，到处都是落地炮弹的炸裂声，随处可见被炸断的大树。虽然硝烟弥漫，但丁勇将电话机抱在身下，边爬边滚边行，“只要我还有一口气就绝对要确保线路畅通！”就这样，他咬着牙，忍着疼痛，终于找到了断线处，接通电话线后，又爬回了工事。可没过多久，前沿线路再次中断。丁勇马上就想起身，可连长就是不答应，“我当时说，我熟悉线路，现在争取时间要紧，只有我去，我心里才踏实！”

这段不到四十米的山路，对丁勇来说行进得极为艰难。他嘴里咬着电话线，脖子上挂着电话机，匍匐着慢慢地向前、向上移动着。忽然，一颗炮弹飞来，把丁勇头上的钢盔炸掉了。他眼前一黑昏了过去。跟进的卫生员见状，冒着炮火把他背到隐蔽处，迅速给他包扎伤口。丁勇被炮声震醒后，又再次冲出去，最后，他越过前面一片燃烧着的草地，终于找到了被炸断的线头。此时，已精疲力竭的他咬着牙撕开线头上的绝缘皮，把线路拧紧。当他把断头接通时，一下瘫倒在线路旁。

炸不断的“电话线”

“炮火太猛了，其实到了前线后，我们通过锻炼，基本听炮弹声音就能判断出炮弹的落点和距离，只要声音嗖嗖的说明距离远，如果突然没有动静了基本就在身边爆炸。12 月 2 日的战斗中，炮弹太密集了，我们指挥部前的两棵大树被炸成三截，只剩下了一人多高。这天的战斗中，全班八名战友几乎个个都受伤，其中三名同志身受重伤，仍坚持战斗。”

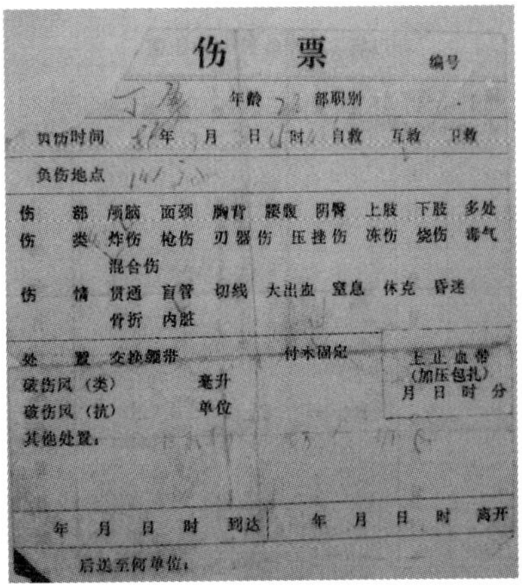
伤　票　编号

年龄　部职别

负伤时间　年　月　日　时　自救　互救　卫救

负伤地点

伤　部　颅脑　面颈　胸背　腰腹　阴臀　上肢　下肢　多处

伤　类　炸伤　枪伤　刃器伤　压挫伤　冻伤　烧伤　毒气　混合伤

伤　情　贯通　盲管　切线　大出血　窒息　休克　昏迷　骨折　内脏

处　置　交换绷带　衬木固定　上止血带（加压包扎）月　日　时　分

破伤风（类）　毫升

破伤风（抗）　单位

其他处置：

年　月　日　时　到达　年　月　日　时　离开

后送至何单位：

当年的伤票

其中，作为班长的丁勇四次负伤，中弹片十二块，他忍着身体的疼痛，先后八次爬出工事去查线。直到战斗结束，战友们才把他抢送到医院救治，他在医院里昏迷了六天五夜才醒来，至今头部还有多块弹片无法取出。“从受伤的1986年到1993年，只要阴天下雨头部就很疼，换季的时候就头疼，很多时候疼得受不了，就迷迷糊糊地几天不吃饭。”他们班保障了前沿电话通信的畅通，被傅全有将军打电话到前沿指挥上表扬说“这是保障最好的线路”，因此成为闻名老山的“炸不断的电话线”，丁勇也被部队荣记战时一等功，“战斗开打一个多小时，我的一等功就批下来了。”

在被问为何受伤后还冲出阵地时，他这样说：“有了不怕死的精神，啥鬼门关都敢闯，啥苦都能吃，啥任务都能完成，生死天注定，成败我做主。”

母亲急得天天哭

在昆明医院住院的时候，丁勇给家里写了一封信报了平安。“在信里提到被炮弹炸伤，在医院，结果越传越乱，有人说我少了条胳膊，有人说我掉了耳朵，越传越邪乎。”丁勇还记得，当时战争结束回到部队后，大家都想第一时间回家与家人团聚，“我决定将机会先让给别人，没想到的是，我妈在我回到章丘部队的第三天竟然来我的部队找我了。”

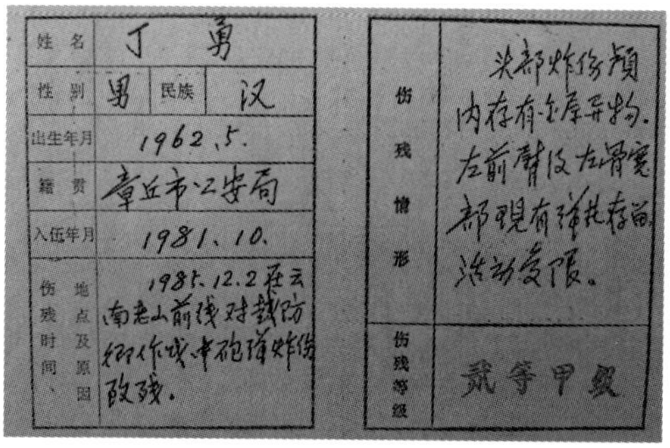

姓名	丁勇		
性别	男	民族	汉
出生年月	1962.5.		
籍贯	章丘市公安局		
入伍年月	1981.10.		
伤残时间、地点及原因	1985.12.2在云南老山前线对越防御作战中炮弹炸伤致残。		
伤残情形	头部炸伤颅内存有金属异物。左前臂及左骨宽部现有弹片存留，活动受限。		
伤残等级	贰等甲级		

丁勇的伤残鉴定（丁勇提供）

“我都很纳闷，也没有告诉母亲自己回来了，接到电话我还问母亲，你咋知道我回来了。”丁勇说，当时母亲知道他受伤后吃不下饭，天天跑到后岭子上哭，就想到部队自己亲眼看看儿子。“连里用三轮摩托拉着我去了火车站，见了之后她一句话没有说，就是抱着我哭。”后来和连指导员聊，才知道，她在家里以为我没有了，或者受伤很严重，自己精神就受不了了，“在部队看我挺好，就放心了，精神也好多了，第三天就回去了。”如今自己也已经是花甲之年了，丁勇说：“可怜天下父母心呀！”

丁勇戎装照（丁勇提供）

在部队立了一等功后，丁勇进入了济南陆军学院深造，毕业之后回到了原部队。最后，在 1994 年 9 月，以副连级别转业到了章丘公安部门，先后担任济南市公安局章丘区分局工会副主席和章丘区区直机关工会委员会副主席等职，目前他已经在享受自己的退休生活，他儿子则接过他手中的枪，成为一名特警，而且业务精湛、枪法精准，“为儿子骄傲，现在就是含饴弄孙，我对自己的人生很满意，没有任何的遗憾。”

丁勇参加活动（丁勇提供）

转业以来，丁勇保持军人“当兵一阵子，奋斗一辈子”的本色，在多个工作岗位上努力工作，先后被章丘区公安分局和济南市公安局记三等功，被济南市委、市政府授予“济南市荣誉市民”称号，享受“省部级劳动模范”相应待遇。

丁勇小传

丁勇，男，汉族，1963年出生于山东青岛。1981年底入伍，1985年3月奉命开赴云南老山前线，当时担任某通信连有线电排架设二班班长。在战斗中，他不畏艰险，冒死保护电话线。“只要我还有一口气，就要确保线路畅通”，这是他出征前立下的誓言。《解放军报》等以“炸不断的电话线”“英雄通讯兵”为题，进行了广泛宣传。丁勇自己荣立一等功，带领的班荣立集体一等功；他在战斗中被炮弹炸伤，被评为二等甲级（五级）伤残军人。

退役后，丁勇进入济南章丘公安部门工作，目前已经退休。先后被济南市公安局记个人三等功两次，被评为第十二届“山东省业余记者十佳”，被济南市委、市政府授予“济南市荣誉市民”“济南市拥政爱民先进个人”称号。2019年荣获中共中央、国务院、中央军委颁发的“庆祝中华人民共和国成立70周年”纪念章。

第十一篇　一等功臣段胜利：

身在《长津湖》原型连，自己也成为荣誉室里英模的一员

“人只有离开家，才能真正体会到父母有多么爱你！”参加对越防御作战并荣立一等功的段胜利，说起自己参战时父母的变故，泣不成声。他说，自己永远也忘不了那段历史，用他爱人的话说就是：“随着年龄渐长，爱流眼泪了！”

段胜利（李培乐摄）

永远也忘不了那段历史

段胜利今年已经六十岁，目前在济南市历城区华山街道任职，一个班需要 24 个小时。2023 年 2 月 21 日见到他时，他刚刚下班回到家。看到有些疲惫的他，本想建议改天再聊他的故事，他却笑着说：“没事，没事。”

段胜利当年在“八十年代上甘岭”的留影（李培乐翻拍）

段胜利坦言，这些年从来没有接受过采访，也基本不和外人提起那段历史，面对一些知道点情况的人询问“你打死过几个敌人？”他总是摆摆手，一笑而过。甚至有学校邀请其去讲述战斗故事，他都婉言谢绝。但是在内心，他却永远也忘不了那段历史，“就是和家人说说，战友聚会的时候一定会提起来。”说到这里，妻子笑着说：“天天和我说，他的事情我都快背过了！”其实，他是有表达欲望的，只是怕自己说出来引发这样那样的议论，只能憋在心里，或是和自己最放心的妻子聊一聊。

翻箱倒柜，段胜利找出了那些他穿着军装的照片。在一张摄于上世纪80年代与“八十年代上甘岭”主峰的合影中，他穿着军鞋，挽着裤腿，一头茂密的黑发。还有一张坐在悬崖边的照片，他解释说，那就是当时自己哨位的位置，一侧就是悬崖。抚摸着那枚闪着金光的一等功奖章，他的思绪开始重回那段炮火连天的日子。

“我身在英雄连队，我们连就是电影《长津湖》中穿插连的原型，我在荣誉室都见过连队缴获的‘北极熊团’的团旗，还有抗美援朝‘新兴里战斗模范连’的锦旗。”段胜利说，他感恩自己能进入这样的集体，也庆幸自己没有给这个英模连丢人。记者了解到，他们连出现过大量的英模人物，包括“枪神”魏来国，而段胜利的名字也在连队的英模名录上。

高中辍学和同伴一起当兵

段胜利是家里的长子，出生在济南原东郊公社东周家庄。小时候的老家，到处是水，还有不少泉眼，在他的眼里，老家算得上是鱼米之乡。“村里到处都是菜地，所有人家几乎都种菜，附近就是水稻，真是鱼米之乡，济南的菜篮子。”所以，段胜利的童年就是天天和蔬菜打交道，常常是挽着裤腿，光着脚丫，不停摘菜，拉着地排车送菜。

作为家里的长子，家人希望他能够通过上学改变命运，但是他上了高中后却辍了学，因为他觉着考大学心里没底，还不如回家干点活帮帮家里人。退学后，他做过小工，干过装卸工，记得自己第一次拿的收入是一天 1.48 元。家里人看打零工不是长久之计，就希望他学个木工，但是木工依然不是他的“菜”。

在人生的迷茫之际，一个朋友提议：“咱当兵去吧，锻炼一下，也见见世面。”听到当兵，段胜利眼睛一下有了光，也立马来了兴趣，“这个主意不错。”于是两人一拍即合，一起去验兵，竟然双双过关，就这样，他在 1983 年 10 月入伍。

在新兵连遇上“魔鬼班长”

对于那时的段胜利来说，本身是抱着开开眼界的初衷加入了部队，但他做梦也没有想到，去的居然是一支有着光荣传统的部队。在新兵连的时候，段胜利对自己所在的部队开始有了了解，也开始感受着英模集体的无形影响。当时，他的老班长来自湖北，是地地道道的严师，用现在的话说那就是“魔鬼班长”。

当时老班长要求他们凡事必须争第一，说第二没有任何价值。因此，不管是队列还是射击，都是以最高标准要求。就连平常的生活也是纪律严明，“军人就要有军人形象，坐、站、走都要有军人的标志。”他记得，当时站军姿，一站就是两个多小时，如果站立过程中动了，必须加练。那时正好是冬天，穿着棉裤趴在雪地里，一趴就是一个多小时，起来腿都没有知觉了。在如此高强度的训练之下，班里有人受不了，甚至要和班长“练一练”。听他说到这里，让笔者想起了《士兵突击》中袁朗的形象，头脑中也浮现出那些不服的士兵想挑战他的样子。可是，现在回想起来，段胜利很感恩，他们在新兵连考核中，射击和队列都是全师第一。后来，新兵连同班的战友中有一人和段胜利同样荣立一等功，两人荣立二等功，三人荣立三等功。“严师出高徒，现在很感激老班长，在年轻的时候就应该去拼搏，那样才对得起人生。”段胜利说，如果老班长没有退伍，以他的军事素养，去南疆作战也能荣立一等功。

下连队遇到“枪神”

新兵连训练结束，段胜利进入某团二营四连。一说这个连队，大家可能感到陌生，但要说这就是电影《长津湖》中伍千里所带的连，大家就会马上对上号了。

段胜利所在连队的荣誉锦旗（李培乐翻拍）

在参观连队荣誉室的时候，段胜利就被连队历史上的一次次英勇战斗所感染，特别是那一面面的锦旗，更让他热血沸腾。当听到自己连队就是抗美援朝缴获“北极熊团”团旗的连队时，段胜利特别自豪，“老一辈的英雄太多了”。在该连队的荣誉墙上，排在第一位的就是华东人民英雄魏来国，“那时候，他是我们的副军长，给我们作过好几次报告，特别是他讲到自己 125 发子弹打死打伤 110 名敌人时，给我留下深深的印象。还有讲到抗美援朝时，指战员们只能一口炒面填在嘴里，甚至只能吃冻土豆，想想不可思议，跟他们比我们是幸运的。”

受到连队光荣历史的影响，那时的段胜利就下定决心要好好干，向连队的老英雄们学习，“每一位指导员都会告诉我们要对得起这个团队，甚至同时入伍的战友们都很羡慕我们，所以那时候凡事都是比着干。”

在这个英模连队，段胜利也在快速成长，他于 1984 年去了教导队作为骨干培养，从教导队回到连队担任班长，并在 1986 年光荣入党。

参战时连队没一个逃兵

时间很快来到了 1986 年，部队接到了轮战动员令。面对战争，有人试图用各种方式逃避，但是段胜利所在的连队没有一个人当逃兵，大家都写下了请战书，要求参战。

作为业务骨干，段胜利被抽调去学习使用喷火器，回去再教给全连的战友，“每个人所有的武器都要学会使用，包括手枪、冲锋枪、轻机枪以及四〇火箭筒，还要会布雷、排雷。”部队由平常状态进入了战斗状态。当年 12 月 26 日，部队开拔，到了云南开展战前训练，继续练习体能、射击以及各种武器的使用。当时的段胜利，每次打靶五发子弹都在四十八环以上。

段胜利在前线（李培乐翻拍）

到了 1987 年 4 月份，段胜利所在连队要进入阵地了，他首先上去交接哨位，“当时我就和战友们说，我第一个上，跟着我绝对死不了，我怎么带你们上去，就怎么带你们下来。”最终他也实现了自己的诺言。虽然当时他说话很硬气，但是真实的战场还是让他两腿不由自主地打哆嗦。“过了芭蕉坪就能听到炮弹声了，最后的三十里路都是步行上去的，一开始知道上前线还很高兴，但是到了抓俘区和百米生死线，真是大气都不敢出。”

上去交接时，兰州军区哨所的人倒是比较轻松，他们轻描淡写地说：“大规模进攻不多，蚊子、老鼠和蛇比较多，甚至都打蟒蛇吃。”段胜利最终落脚在负 21 号阵地 7 号哨位。这个哨位位于山脊的位置，山上没有水，粮食、弹药都需要往上送，因此他们自己也会下山背水，实在没办法了就喝雨水。和他们正对的越军高地，直线距离也就一百多米。

手榴弹一晚上都没停下

在隐蔽的哨位防御，如果不是敌人大规模进攻，很少打枪。“一旦开枪就暴露所在位置，所以基本全是用手榴弹，听到有动静就扔几枚手榴弹。”段胜利说，由于不敢用光，所以视力锻炼得非常好，能看到很远的距离。

1986 年 4 月 28 日，越军呼呼的炮弹朝着他们的阵地倾泻而下，由于下山的路被封，从此刻起，他们喝了半个月的雨水。和撤下阵地的兰州军区战友说的不一样，段胜利他们很快遭到了火力强劲的进攻。5 月 2 日和 4 日，是段胜利进入阵地后遭遇的最大规模交火。

“后来才知道是敌人一个加强排对我们的连指挥部进攻，当时 14 号和 15 号阵地发现敌情后开火，炮弹也就过来了。我们都戴好钢盔，随时准备战斗。”段胜利说，特别是二班的 4 号哨位交火后，压力很大，副连长就带着他前去支援。此时，段胜利被炮弹炸伤化脓的腿还肿胀着，不过一听到命令，他立即背着武器和手榴弹，沿着山脊往上爬。

当时的情景段胜利一辈子都不会忘记，在黑黢黢的原始森林大山里，看不到一个人的影子，但是头顶上炮弹在嗖嗖飞过，然后炸裂，不时传来大树断裂的声音。不知道哪个角落就会有手雷等的爆炸。他们只能看哪里有动静，就抡开膀子扔出手榴弹。“一晚上没有停下，向着目标扔出手榴弹，后来胳膊都特别疼，等到了早晨战斗停止，副连长一屁股坐在地上，动都不想动了。我回到哨所，倒头就睡了。”

所幸，由于大家相互配合，越军的这次进攻没有得逞；虽然有战友被炸伤屁股，有战友被炸伤了胳膊，“万幸的是没有人牺牲。”

加入敢死队，任务却取消了

就这样，段胜利在阵地上坚守了四个多月，因为需要拔点，就撤出了阵地。从阵地上下来，他们立马加入突击队，也就是敢死队。“我们当时的目标就是和哨位距离最近的敌人的 45 号阵地。”为了打掉这个点，突击队员们又开始了新训练，包括体能、战术、实弹演练等。

段胜利（坐者末排左六）加入敢死队（李培乐翻拍）

“演练用的都是实弹，当时规定我们越过一个节点，然后炮兵进行炮火覆盖，谁知道一位班长不小心绊倒了，结果炮弹就过来了，把他的钢盔都炸出了窟窿，好在没有出大问题。”万事俱备，只待命令。但是随着战场形势的变化，他们的任务被取消。“我当时担任第二突击队班长，负责阻击敌人增援，当时部队领导就跟我们说，我们要么一枪不放，要么战斗最激烈。”尽管当时有人很遗憾没有进行这场战斗，但是段胜利说，如果参加真不知道自己还回不回得来！

段胜利的一等公奖章（李培乐摄）

1988 年 6 月，因作战勇敢、成绩突出，段胜利被所在集团军荣记一等功，所在的班荣立集体二等功，“全连投票，只有我自己没有投我一票。”

家人的无尽牵挂

任何上战场的勇士背后，都有家人无尽的担心和牵挂。由于很早就离开家，段胜利觉着自己留给父母的印象或许还是那个不听话的孩子。所以，到了战场，他简单给家人写了封信，说自己去了南边执行任务，主要是防御，没有啥危险。

说到父母，难掩激动（李培乐摄）

可是，不管信的内容如何风轻云淡，父母都知道这意味着什么。“我妈知道我去了前线犯了脑血栓，父亲自己也因冠心病住进了医院。”说到这里，段胜利已经无法继续言语，眼里的泪水啪嗒啪嗒滴落，他一再调整后，说“失态了”。但是面对这种情形，做子女的想起来哪能不心痛。他说，自己回家后看到母亲的头发全白了，觉得很对不起父母，“父母平常可能不管自己，可是这时候真是看出来挂念儿女了。”

由于荣立一等功，家人都担心受伤严重。回到家后，段胜利尽管一再说没有受伤，但是母亲还是捏捏胳膊，摸摸腿。姑姑甚至撸起裤腿要看看他的腿是不是假肢，掀开衣襟看看有没有受伤，“这就是亲人，流着一样血的亲人，打断骨头连着筋。”

荣立一等功，本来可以继续在部队效力，但是考虑到自己年龄大了，家庭状况不好，他就要求退役，回到家里尽孝，他发誓要好好报答为自己提心吊胆的父母。就这样，1989 年段胜利进入济南化肥厂成为一名经济民警，2018 年离开了当年分配到的济南化肥厂。

“听见鞭炮声和大动静，腾一下就会爬起来。”相信这种战争的“后遗症”肯定会继续陪伴段胜利，但是他说自己无怨无悔。

段胜利小传

段胜利，男，1964 年 11 月 24 日生，济南市历城区王舍人街道东周家村人。1983 年至 1988 年参军，服役于某部二营四连。1989 年至 2018 年在济南化肥厂上班，2018 年至今在济南城区华山街道退役军人应急大队上班。

在新兵训练中，由于成绩突出，获得连嘉奖一次，后被选拔到教导队学习，学习完回连队担任班长。于 1986 年 7 月入党，同年 12 月 26 日，其所在部队奉命开赴云南边防前线。段胜利带领全班坚守负 21 号阵地 7 号哨位和 9 号哨位，人们将该阵地比喻成“八十年代上甘岭”。在“502”“504”反偷袭作战中，段胜利所在连遭到越军一个加强排的偷袭，全连指战员发扬不怕死的革命精神，打退了敌人一次又一次的进攻，在“504”战斗中击毙越军数人。在长达一年零六个月的对越防御作战中，段胜利因作战勇敢、成绩突出，被所在集团军授予一等功，所在的班荣立集体二等功，班里三名战士荣立三等功。

第十二篇　一等功臣**李修恒：**

炮火中的通信兵，
裤子脏得能“站立”

李修恒（李培乐摄）

爽朗、直率，经历过战争的李修恒，在人生的沉浮中从来没有后悔和抱怨，凭着那颗“战斗心”，他在怡然自得地享受自己并不顺畅的人生。他说：“能活着从战场回来，哪还有那么多想不开。”

贫困家庭的放牛娃

1965 年，李修恒出生于当时的济南港沟公社。出生时，父母已经有一儿一女。添丁是大喜事，可在贫穷的年代，家里又多一张吃饭的嘴，意味着父母肩上的压力也更多了一分。在儿时的印象里，父母几乎都是天天劳碌，可一家人还是无法吃饱饭，“经常是寅吃卯粮，没有吃的了，就去借粮。”家里的房子连一间像样的北屋都没有，只有东屋两间和西屋两间。生在这样的家庭，李修恒很难静下心来去学习，所以初中毕业就退学了，用他的话说就是“开始在生产队混工分”。由于年龄小，他也放过牛，因此也是个地道的“放牛娃”。虽然两脚沾泥又吃不饱饭，但是李修恒的眼里还是有光的，这光来自于本家的二大爷李德宽，“他解放前就当兵，济南战役时还回过家，后来去参加淮海战役就没有了任何消息。”虽然只是有限的信息，可是这位本家的二大爷却让李修恒看到了另一种人生选择。

于是，在 1983 年 10 月，当听到征兵的消息后，他偷偷在当时的港沟公社报了名去参加了体检。本来不同意其当兵的父亲，看到已经成为既定事实，没有再反对，“想去就去吧！”

军营里的尖子兵

就这样，十八岁的李修恒离开了从未离开的家乡，去了河北石家庄。新兵下连队时，由于表现突出，本来可以去警卫排的李修恒，却主动要求去最苦最累的地方，于是就去了指挥连成为一名通信兵。“天天就扛着线撒出去收回来。”通信兵苦不苦呢？据说，部队发军鞋他们都会比别人多一双，“我们就像猴子一样，沥青杆子天天爬，一天爬上百次，鞋的内侧特别容易磨破，往往不到两个月一双鞋就报废了。”

李修恒戎装照（李培乐翻拍）

万事开头难，一开始杆子甚至都爬不

上去。因为天天爬，他们的食指关节处先是磨出血，继而是老茧，脚踝处也不例外，也长了厚厚的老茧，甚至到现在一到阴天下雨还会隐隐作痛。靠着拼劲和努力，李修恒后来的业务能力在全集团军都是可以拿到名次的。说起在部队的经历，李修恒很是自豪。1985 年，李修恒被推选去全军骨干培训班学习深造。带着优异的成绩，他回到部队担任了通信班班长，带领全班刻苦训练，探索改进训练方法，努力钻研探索新的训练模式，考核比武几乎次次都是全团第一。因各方面表现突出，他于 1986 年 2 月加入了中国共产党。

开赴战场的先遣队员

同样在 1986 年，李修恒所在的部队接到赴云南作战任务，部队立即进入一级战备，人员全部归队，不得离开营区。其实，在部队还没有接到参战命令时，已有小道消息传开了，说部队可能要去打仗。

宣布参战命令那一天，全团所有人员在大操场集合，气氛严肃又紧张，每个人脸上都没有了笑容，没有人喧哗，“当时我们整齐一致的宣誓声震耳欲聋、气壮山河，男儿当战死沙场。”据李修恒说，当时所有人都写了参战决心书，很多人包括他写了血书。

为了不留遗憾，部队允许参战前回老家一趟。李修恒本家一位哥哥，一看光头回来的他就明白了一切。而对于参战一事，他没有向家人说半个字，“就是多帮家里干点活，和自己的亲朋好友尽量聚一下，聚会表面高兴，其实他的心里很沉重。”离开家时，他对看透自己要参战的那位哥哥说了一句：“我要是参战牺牲了的话，你要在村水库边给我立个碑。”

他永远没法忘记那个出发的日子，“当时团长在讲话，广场上插着各种各样的旗子，随军的家属们都在我们的后边，当团长宣布部队登车那一刻，家属们哭成一片。”

1986年11月11日，李修恒作为第一批先遣部队踏上南下的军列，一节车厢三十人左右。当时其他的战士只需要乘车，他们通信兵还要不停地拉线收线，以保证首长在军列上的指挥。抵达昆明后，接着改成摩托化行军继续开进，又走了三天，来到文山州砚山县的一个很简陋的兵营（木板房），在这里，他们先遣部队要为大部队后续的到来做好准备。

战场上的架线兵

在文山州经过紧张的三个月战前训练后，部队要上前线了，李修恒也被任命为代理排长、突击队队长，带领十名突击队员提前到了麻栗坡进入战区。

架线（李培乐翻拍）

当时，李修恒所在的突击队主要负责老山八里河东山芭蕉坪和“八十年代的上甘岭”主要方向通信线路的架设维护。轮战部队在交接完阵地后，为确保线路畅通，他们要架设自己的线路。由于部队轮战，每支部队都架设线路，当时地下已经一大堆线了，而且方向都不一样。“我们十几个人，每天留下保障线路的，其他人都负责架线，半个月时间我们架设线路54条，计240公里。”热带雨林中，山路泥泞，全是单人行走的小路，任何运输工具都用不上，只能靠大家共同努力，用肩扛用背驮，有战友肩背磨破皮，第二天伤口还没有好，还得接着扛，一天下来，衣服都脱不下来，和肉粘在一起。除了辛苦和劳累，随时还要面对敌军打来的炮弹，还有地下埋的地雷，以及丛林中潜伏的毒蛇。

在前线（李培乐翻拍）

由于线路长，伙食供应无法保证，大家为了节省伙食供应，一天只吃一顿饭成为常态。老山方向路远，危险又大，为了保证能多扛几捆电话线，保证线路充足够用，就把吃的喝的全部卸下，从早上天亮开始工作，一直干到下午 3 点到达指挥所。“最后爬坡的时候，都已经站不起来，就趴着拖着线前行。”

半个月下来，高温潮湿的天气下，他们的裤子脱下来都可以“站立”，“我们的上衣，穿的时候臭味熏得直想吐。”

炮火中的通信兵

1987 年 4 月 23 日下午，越军突然向我军老山前沿阵地开火。李修恒所在团指挥所通向某炮连的电话线被炸断，通信完全中断，指挥所无法联络炮连进行还击。

当年前线（李培乐翻拍）

接到抢修任务后，李修恒他们必须马上出发找到断裂点，并恢复通信。“我是党员，担任抢修队队长，我当时抱定的信念就是，一定要尽快把通信线路恢复。”他带着全队人员冲入枪林弹雨，炮弹嗖嗖飞过头顶，机枪突突地响个不停，他们全神贯注地对通信故障逐一摸排抢修。“讲心里话，当时也没有时间去想生死问题，军令如山，战场上时间是非常宝贵的，一分钟就有可能决定战斗的成败，就有可能失去打击敌人的最好时机。”

当时，在抢修线路时，越军的炮火更加猛烈，线路抢修人员也顾不上那么多，心里就一个信念，只要线路通了就是胜利！“抢修完线路我才知道受伤了，我的头部、腿部、手部被飞来的弹片划破多处，血流不止。”李修恒说，当时炮火连天之下，根本顾不上任何害怕，真是将生死抛在脑后了。

李修恒和战友在前线合影（李培乐翻拍）

1987 年 5 月份，李修恒所在的团要有一次大的炮群作战任务，准备打掉越军的一个炮阵地。为了确保通信线路畅通，他带领两名班长秘密地对实际地形进行勘察。云南属于热带雨林地貌，因为要避开敌人的侦察，李修恒选择了一条穿过悬崖峭壁、直插原始森林的线路。这是一条极险的路，但是易于隐蔽，与阵地距离短，所以成为架设通信线路的最佳选择。这条路虽然不足两公里，但是丛林多，草丛比人都高，树上缠满藤条，常有毒蛇出没，线路架设难度很大。在进入原始森林后不久，天空突然乌云密布，下起了大雨。雨水冲刷下的道路泥泞不堪，陡峭的悬崖只能单人爬行通过，一不留神就有可能摔下悬崖。尽管他们小心再小心，但还是误入了雷区。

“突然，负责警戒的同志大喊一声‘都不要动，有地雷!’那是一枚反步兵的‘文明雷’，这种雷通常不会直接要人性命，但是会将步兵的腿或胳膊炸断，使人丧失战斗能力。”最终他们排出了六颗地雷，顺利架设了那条电话线。让李修恒骄傲的是，那条线路直到战争结束，也没有遭到过一次破坏。

1988 年 2 月 25 日晚，敌人再次向芭蕉坪方向开炮，炸坏李修恒部联通各营阵地的十几条通信线路。已经是排长的李修恒当机立断决定组织沿路抢修，同时埋设七条通信线路，架设一条架空通信线路。因为地处山区，地质坚硬，大家你一锹我一镐轮流作业，战士们手上磨出了血疱，但没有人叫苦喊累，连队全体官兵连续奋战了几天几夜，终于修通了这条主干线。在此后一年的战火洗礼下，这条线路无一处被损坏。

家人的幸运星

因为表现突出，下阵地的表彰大会上，李修恒荣立一等功，他们连队也荣立集体一等功。“当时太高兴了，彻底放松了，当时白酒啤酒尽情喝，喝了一个痛快。”李修恒告诉记者，他们团最幸运了，参战期间没有一人牺牲。

一等功喜报（李培乐摄）

到家后，李修恒才知道，自从他上了前线，母亲就许了愿，天天跪着祈祷。“我回家前家里知道我荣立一等功，村里很多人都说我不是少了胳膊就是少了腿，回到家后尽管一再说没有受伤，但是母亲还是不停地捏我的腿和胳膊。”

儿子完整回来了，自己的愿望实现了，做母亲的也赶紧还愿，“一下摆了三桌酒席，好好庆贺了一下。”懂事的李修恒也用自己的工资给家里买了电风扇。

“我本来被部队推荐去军校，可是我考虑到家里条件不好，立了一等功可以安排工作，于是就选择回家工作补贴家用。”就这样，李修恒带着一等功奖章离开了部队，进入了济南化肥厂，“当时一个月81元工资，到了年底还分炭。”他在保卫处一直做到处长，可惜很快企业效益就不好了，2017年因企业破产，他下岗了，之后成了一名公益岗成员。2020年，疫情突袭，李修恒参加疫情防控工作，冲在抗击疫情最前线。

现在最让李修恒自豪的不是自己的一等功奖章，而是他的儿子接过了自己的“枪”，“我只希望他在部队好好干，我期待着家里尽快收到儿子的立功喜报。”

李修恒小传

李修恒，男，1983年10月参军，1986年2月入党，1986年11月11日赴云南参加对越防御作战，任代理排长，荣立一等功。1988年12月退伍，1989年7月分配到济南化肥厂，任经济民警指导员、队长；1997年8月任济南化肥厂保卫处副处长、处长；2007年7月任济南化肥厂武装部部长兼公司办公室副主任。2009年济南化肥厂改制后任济南盛源化肥厂保卫部部长，2017年12月企业倒闭，2018年回历城区唐冶街道鲁能社区居委会工作至今。

到地方工作后，1993年李修恒被济南市公安局嘉奖一次，1993年到1997年连续五年被评为化肥厂“优秀共产党员”，1997年被济南市化二局评为“优秀共产党员”，2008年、2009年、2012年被山东陆军预备役后勤保障旅政治部评为“优秀预备役军官”，2020年被济南市历城区评为“战疫最美志愿者”和“疫情防控身边好人”等。

第十三篇　一等功臣朱守清：

雨夜清晰听到敌人脚踩泥水的声音

一等功臣朱守清

不止一人说过，朱守清特别适合参军，他性格分明、赤诚干练、敢打敢冲，在战场上绝对是一员虎将。他也的确是战场上的英雄，面对敌人的包围，他斗智斗勇打退敌人偷袭，荣立一等功。但他也有些遗憾，就是选择离开部队没有去上军校。现在他的小女儿走进了国防科技大学的校门，让他的军人梦想得以延续。

卖蜂窝煤的少年

2023 年 3 月 13 日，朱守清家。他家随处可见的军旅照片，让人一下就进入了他的军人世界。一天是军人，一辈子是军人，在他身上体现得淋漓尽致。“我 1965 年出生在历城区东郊公社殷家小庄，我们家族很大，曾经庄里有一大片都是一个家族的人。”他初中毕业后，开始进入社会，几乎啥脏活累活都干过。他现在对于自己送蜂窝煤的经历依然津津乐道，“用地排车，一下拉两吨，还挺赚钱。”

在他们家族里，走出过一位当兵的人。这位被朱守清称为四叔的人，在1948年11月之后，就再也没有了消息。在朱守清的努力下，找到了关于四叔的只言片语——“长江炮连，失踪”。自己进入军营，朱守清认为有四叔的影响，更有那个时代以当兵为荣的影响。他说，从很小自己内心就认定，要穿上军装，改变人生轨迹。

一层皮一层肉的训练

1982年10月，朱守清如愿进入部队，成为当时济南军区某部的一名战士。参加新兵连训练时，他被分在三连一班，没想到下连队时就被上了一课：“新兵下连队，我和另一名战友被挑剩下，就跟着夏副营长走了。”就这样，他成为库山军教导大队的警卫。在这里，摸爬滚打成了日常，每天的侧匍匐前进，让其一侧的衣服就像蜘蛛网，全是眼子。“一层皮一层肉，匍匐从石子上攀爬，疼就咬着牙。”

最痛苦的就是晚上脱衣服，因为血肉和衣服粘在一起，只要轻轻一碰，就是一阵钻心的疼。但如果不把衣服脱下来，时间一长，皮肉和衣服长在一起更麻烦，于是就狠狠心，咬咬牙，一边嗷嗷叫，一边脱衣服。冬练三九夏练三伏，熬过了艰苦的训练，他来到了济南陆军学院。他说自己很幸运，又碰上了一位纪律严明的首长，“他要求我们再冷的天都不准将手揣进裤兜，当然他自己也以身作则，实在受不了就把手缩到袖管里。”

最终熬出来的朱守清，成为新学员的教官。最让他自豪的就是打靶，朱守清说，他基本都能打到满环，“除了开锁我不行，其他的各种科目没有不行的。”当兵第三年，也就是1984年的年底，他心想要退伍回家了，却接到了参战命令。

兴奋地上战场

“当团长宣布开赴战场时，说实在的我并没有害怕，而是很兴奋。”朱守清清晰记得，很多人都写了血书，来表达自己的参战意愿。部队到了云南，进行了四十多天的针对性战前训练。

1985 年 5 月 17 日这个日子，朱守清终生难忘。在多云转阴的天气里，他们早上 6 点开始整装待发。大家经过十个小时的摩托化行军，到了三道弯开始步行前进，当时大家滴水未进，但顾不上口渴，当看到“前方进入敌炮火封锁区”的警示牌时，他们知道战场离他们越来越近了。

“大家呼啦啦地跑步前进，几乎一口气冲到半山腰，这时一清点人数居然少了一人。”这让作为代理副排长的朱守清倒吸一口冷气。很多种可能在他的脑海里急速闪过，他赶紧汇报，好在那名新兵很快被找到。原来，太疲累的他在一辆被炸毁的汽车里睡着了。

进入的阵地是 1175.4 高地，它有一个更广为流传的名字“八十年代上甘岭”。朱守清负责守卫负 13 号阵地，“当时的条件可谓艰苦，所谓的猫耳洞就是树枝和塑料布支撑的小地窝子，只消一发炮弹就会彻底报销。”于是，他们第一项工作就是抢修工事，等着送上来钢板彻底加固猫耳洞。

八十年代上甘岭（李培乐翻拍）

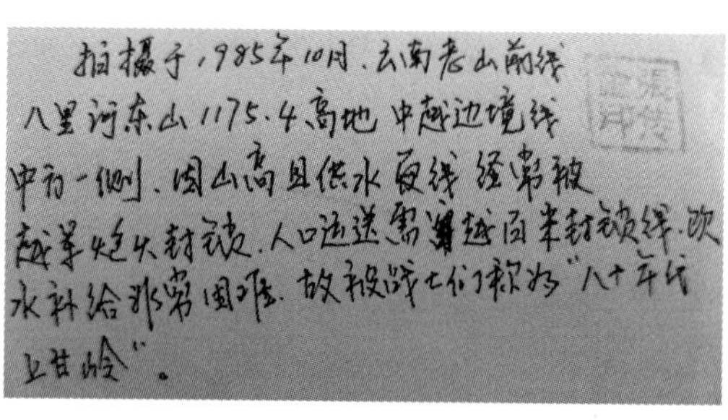

为何被称为“八十年代上甘岭”（李培乐摄）

战场的残酷

进入阵地后，炮弹开始时不时在身边爆炸。很多时候，晚上一颗颗带着光亮的炮弹呼啸而过，爆炸声让山谷地动山摇。

残酷的战场（李培乐翻拍）

5 月 31 日，从凌晨 5 点 40 分开始，越军密集的炮火开始疯狂轰击我方阵地。我军的火箭炮、加农炮和榴弹炮也向着敌人阵地倾泻火力。一时间，几个山头变成了火海。当时敌人主攻的方向是那拉口等阵地。根据朱守清的战友张传金写下的战场日记，“整个战斗歼敌 700 余人，我军伤亡 72 人，19 人牺牲。”五连一班有四名战友牺牲，其中有一名济南北园籍的兵周西江。

6 月 2 日，我军各种口径的火炮也轮番轰击敌人阵地，夜色中爆炸声不绝于耳，“敌人的阵地变成了一片火海，这也是对牺牲战友的告慰。”

听到敌人脚步声

最让朱守清难忘的是“6·18”战斗。那夜，他和两名战友躲在潮湿的猫耳洞里，大家正在谈论着这场战争。突然，观察员紧急报告，微光夜视仪里发现了越军的身影，正在向猫耳洞靠近。

为了安全，观察员赶紧撤进猫耳洞，四个人让狭小的猫耳洞更加拥挤。此时大雨倾盆，四个人都竖着耳朵，简直是大气都不敢出。朱守清赶紧拿起电话汇报，可是电话线已经被剪断。此时，朱守清给大家打气：“我们四个人要坚持到底，要死也要死在一起。”他们紧握着钢枪，摆好了手榴弹，做好了赴死的准备。偷袭的敌人越来越近，虽然下着大雨，但是朱守清还是听到了敌人脚踩泥水的声音，“当时心都到了嗓子眼了，手哆嗦得有点握不住枪。”就在这时，他的大脑突然灵光一闪，想到了那条被遗忘的备用电话线。快速接线，赶紧联系，“副连长，敌人偷袭，我们听到他们的脚步声了，你赶紧往我们猫耳洞扔两颗手榴弹。”听到如此军情，朱守清的副连长赶紧探出身来，没想到突然一颗手雷就在他旁边爆炸，他赶紧躲进猫耳洞，爆炸过后，他迅速朝着朱守清的猫耳洞扔出几颗手榴弹。

手榴弹爆炸过后，一个翻滚，朱守清出了猫耳洞，他朝着有动静的地方赶紧点射。这时，机枪手李克林也冲出猫耳洞，端着机枪扫射，然后任斌和另外一名战友也冲了出来。就这样，四个人听到哪里有动静就朝哪里射击。

在他们四人奋战的同时，高射机枪和团炮连也赶紧对敌扫射和炮击，通过覆盖式射击阻挡住敌人进攻的路线。同连的四班也进行了增援，就这样，在持续不断的爆炸声和“突突突”的枪声中，这场惊心动魄的战斗一直持续到了早上 7 点。

“进攻的是越军二六六团三营的，都是一些女兵。”这也是等战争结束，大家才知道的事情，但是也有句话说“战场无男女”。这场战斗，朱守清个人击毙敌人六人，所在班击毙敌人超过二十人。也因为这场战斗，朱守清荣立一等功。

战场上的流血和感情

济南山大路街道退役军人宣讲团团长张传金是朱守清的战友，说起“6·18”战斗，他也是心有余悸：“朱守清守的哨位是咽喉部位，一旦他那里失守，我们前边的哨位将无路可退，要么被俘要么跳悬崖。”

让朱守清记忆深刻的还有“9·23”战斗，当时为了夺取敌人的395高地和436高地，高射机枪枪管都打红了，各种火炮更是一刻不停，连续两三天开火，整个夜晚也是炮火不断，这种不分昼夜的炮击，让周围十几公里的山头都变得通红。

战场情景（李培乐翻拍）

所有人都是其他人的保险，所以战场上的战友情也是轰轰烈烈。朱守清提到，曾经为了开辟进攻通道，连长让大家撤退后自己排雷。可是排到第三颗雷的时候，突发意外，地雷应声爆炸。看到血肉模糊的连长，朱守清他们赶紧将其抬上军用摩托车，“军用摩托太有劲了，八个人在上面，一溜黑烟就爬上山坡到了前沿救护所。”治疗的过程，让朱守清想起来就心有余悸：“直接用毛刷子清创，疼得连长嗷的一声就站起来了，我们好几个人用军大衣摁着他，当时手上的肉都掀起来了，青筋全都露在外面。”

另外，朱守清说，当年张传金也救助过动脉破裂的战友，“当时看到传金从肩膀到鞋浑身都是血，我还以为他出事了呢。”张传金说，当时在7月份，炮战过后，战友动脉破裂，鲜血喷出来一米多远。他赶紧用三条止血带帮其摁着受伤部位，扛起战友来就去前沿救护所，“亏得及时，后来我去探望这位战友，他直接给我跪下磕了三个头。”

朱守清所在团的机枪连副连长，在视察阵地的时候遭遇炮击，直接半个身体都被炸没了，“当时大家都围着，哗哗掉泪，嘴里喊着‘挺住，挺住！’”

难得的宁静和温情

除了惊心动魄的战斗，有时战场也平静得出奇。特别是雨后云雾缭绕，这幅美景是难得一见。还有那生命倔强的老山兰花，在风雨中随风摇曳，“不打炮的时候周围的环境太宁静了，这份宁静很甜。”

文工团慰问是战士们难得的娱乐（李培乐翻拍）

战地很苦，炎热和潮湿让北方的士兵们尤其不能适应。朱守清说，他们所在的高地被称为“八十年代上甘岭”，听名字就知道有多缺水。没有水的时候，就喝雨水，“里面很多的小红虫子，舀水的时候，先敲一下桶，虫子跑到一边去之后，马上舀起来就喝。”偶尔给养送得及时也会吃上水果罐头，战事不紧张的时候，他们还会用小煤炉做点饭。

1985 年 8 月 6 日，张传金下山背水路过朱守清的哨位，被朱守清拦了下来。他安排人把自己班的备用水源给张传金装满水袋，留下他一起吃饭。战地上物资奇缺，朱守清安排人准备了青菜和咸菜疙瘩炒了一盘，“这是我吃过的最好的菜了，简直比海参还好吃。”张传金郑重地说，直到今天他也认为那是自己一生中吃过的最美味的饭菜。

变幻莫测的人生

“以前战友聚会，每次都一人说一段，一眨眼三十八年了！”朱守清的家，曾经是战友聚会最多的地方，每次聚会，战场上的各种经历都会再次被提起。朱守清的爱人，对于他的战斗故事可以说已经耳熟能详。

“他本来可以上军校的，都确定好了，让他带职上军校，军校毕业后连升两级，但他放弃了。”朱守清的爱人告诉记者，当年他本可以去广西桂林陆军学院。就这样，他选择了回家。当时还有一个插曲，因为比其他战友回来得晚，家里人以为他是身体残了不好意思回来，就派两个哥哥去接，见到他后才发现身体完好无损，没有一点伤。

回到地方后，朱守清进入济南化纤厂工作。可是造化弄人，上班不到一个月，他竟然触了高压电，“当时下了三次病危通知，还好我命大。”虽然活下来了，但是自己的一只手失去了知觉。只能领伤残补助生活的他，就卖菜、卖鱼、卖音像，好在凭着不屈不挠的性格，总算走过来了。更让他惊喜的是，自己的二女儿考入了国防科技大学，已经在读研究生。“人生就是这样，战场上都没有受伤，谁知道上班不到一个月就差点没命，一切都是最好的安排吧，任何事情都要坦然面对。”朱守清最后说。

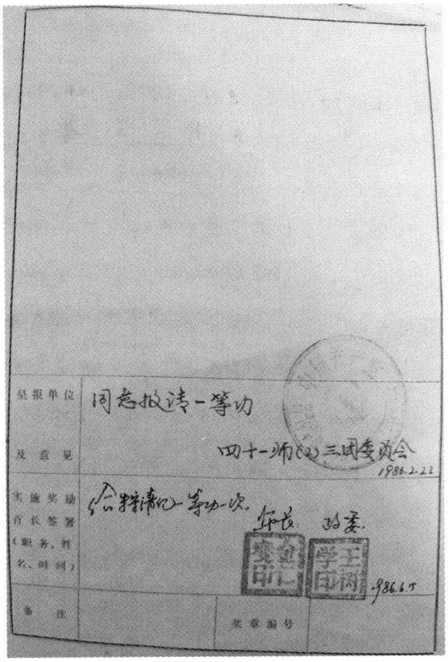

朱守清报请一等功文件（李培乐摄）

朱守清小传

朱守清，男，汉族，1965年10月生，中共党员。1982年10月参军入伍，1985年3月加入中国共产党。在参加老山地区对越防御作战中，任某部五连七班班长。在近八个月的战斗中，克服山岳丛林地带山高林密、地形复杂的重重困难，不怕流血牺牲，以“亏了我一个，幸福十亿人”的豪迈情怀，牢记祖国和人民的重托，攻必克、守必固，带着“誓与阵地共存亡”的必胜信念，在“八十年代上甘岭”阵地上英勇顽强、机智灵活地打退敌人数次进攻。指挥所在班配合友临部队，在“5·31”战斗、“6·18”“9·23”拔点作战等多次战斗中消灭敌有生力量，获得参战部队领导的肯定和表扬，打出了国威，打出了军威，给越军以严惩，用生命和鲜血赢得了战争的胜利。由于在老山地区对越作战中表现突出，1986年6月，朱守清被陆军某集团军政治部授予一等功。

第十四篇 一等功臣凌南申：

从士兵到山东大学教授，笑言一辈子做了两件事

凌南申教授

凌南申是山东大学老教授，2023年九十六岁的他，依然思路清晰、目光炯炯。说起自己的一生，他开玩笑说，就是做了两件事："在部队立了一等功，在学校发表了一篇论文。"

川娃子来齐鲁

2023年，雨水节气后的山东大学校园，草木返青，花香阵阵。在学校南侧的宿舍楼里，已经96岁的凌南申，走路需要拄着拐杖，但是思路清晰。说到长寿，冯友兰先生曾用"何止于米，相期于茶"来和朋友共勉。凌先生早已将"米寿"远远甩在身后，"茶寿"对他来说未尝

不是囊中之物。不过因为耳背，他只好安排记者坐在他的左侧，因为左耳还有一些听力，这样方便我们靠大幅提高嗓门的方式来实现交流。

尘封的记忆徐徐打开，凌南申说，1927 年他出生于当时四川省永川县张家乡。父母都是农民，一家人靠五亩土地谋生。“妹妹不幸夭折，父亲解放前还染上了抽大烟的毛病，在外面晃晃荡荡的，因此家庭生活很一般。”记忆中，那个家主要靠母亲撑着。尽管日子并不富裕，但是开明的母亲却一直支持他一路求学，“我高中毕业后，做了小学老师，并担任教导主任。”他的争气，使身处困难生活中的母亲得到了无限的安慰。

1949 年底，重庆解放。听到解放的消息后，凌南申抑制不住内心的激动，他和一名高中教师相伴步行一天一夜来到了重庆，在这里他毅然参加了中国人民解放军。“当时入伍后，马上换装，有了新衣服，旧衣服也不能扔了，得拿回家给家人穿，于是我还让一名老乡把我的衣服捎回家去。”

凌南申和爱人（李培乐翻拍）

加入部队后，1950 年初，凌南申所在的部队抽调人员到地方工作，他因此来到了开县，在这里参与筹粮等工作，担任工作组组长。开县在他的人生中留下了浓墨重彩的一笔，因为在这里他遇到了自己的夫人，“我夫人当时在开县税务局从事会计工作，我们在那里相识。”

1950 年 6 月，凌南申重新回到部队，随后随着军部调往青岛。“我们被调到山东青岛，筹建海军青岛基地（现北海舰队）。”就这样，参军不到一年，他就从四川来到了齐鲁大地，从此成为一名山东人。

从一等功臣到山大人

“需要在青岛修建机场，我开始带领附近的农民等修建流亭机场。”凌南申说，“修机场需要克服的技术难题很多，更要苦干累干，我就带头干，需要下水就直接跳下去。”这样，在1950年底，当飞机场能够顺利降落战斗机时，他也荣立了一等功。

之后，凌南申在海军青岛基地工作，“当时是副排待遇，在军械处掌管枪炮弹药。”荣立一等功使他成为青岛海军基地的创建元老，但是他并没有一直待在部队，这是因为他的人生又迎来了一次契机，“1956年，当时部队号召在职干部考大学，我们团长问我：‘凌南申，你高中毕业了没有?’我说毕业了，他就让我去考大学。”据凌老先生介绍，当时还给了专门的十五天假期，同时还找来青岛市的高中教师给辅导课程。

报考志愿时，凌南申填报了复旦大学和山东大学。“这两所学校都很好，最终山东大学录取了我，我进入中文系学习文艺理论。”从此，凌南申的生命与山东大学联系在了一起。

1960年本科毕业后，凌南申留在中文系文艺理论教研室担任助教，后来先后被评为讲师、副教授、教授。说起评教授，凌老高兴地站起身来，走到自己的办公桌前，拉开抽屉拿出了一本1984年的《文史哲》杂志。这本当年第4期的刊物上，第一篇文章就是他写的《试论列宁关于文学反映社会生活本质的理论》。他笑着说，“你看我的名字排第一，第二篇文章和第三篇文章作者都是我的老师，发表完这篇文章后我顺利评上了教授。”

访谈中，本想让其谈谈教学生涯，但他摆摆手，笑着说过去太久了。但身处山大，他的学生也是遍布全国，很多人还身居重要岗位，但是这一切他都不想再提，“我吵吵闹闹地来到世界上，默默地学习，默默地工作，而今依然默默地生活。”

96 岁时的凌南申（李培乐摄）

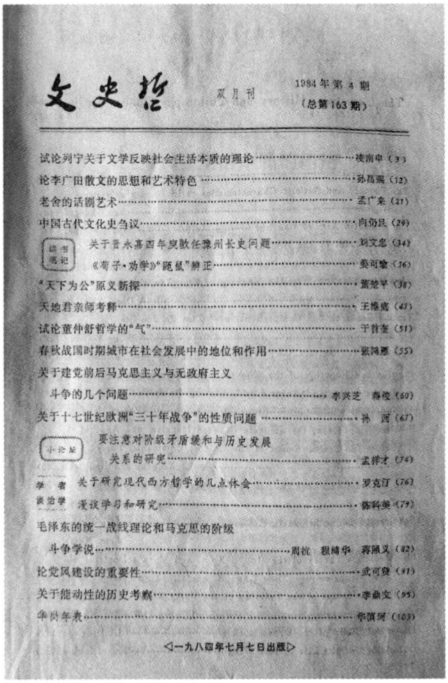

文史哲 双月刊 1984年第4期 （总第163期）

◁一九八四年七月七日出版▷

当年论文发表在《文史哲》上（李培乐摄）

一生做了两件事

在客厅里，有几张旧照片，一张黑白照片是凌南申和夫人的合影，照片中的凌南申身穿海军制服，英姿飒爽，他的夫人则梳着两条长长的大辫子。回忆当年，凌南申说他到了青岛后，夫人也调到了青岛，成为一名百货大楼的售货员。后来，两人育有三个女儿，"可惜的是，孩子们赶上了特殊的年代，没有一个能上大学。"不过，在一张全家福的照片中，一家人济济一堂，已是让人羡慕。

凌老先生的客厅里摆满了书籍，很多都已经是年代久远。笔者看到，他的办公桌上有个硕大的放大镜，他依然热爱阅读，"现在不搞研究了，做不了了，但兴趣爱好依然离不开文学。"

说起自己这一生，他总结说："一辈子就干了两件事，一是在部队立了一等功，二是在学校发表了一篇论文。”他说得如此轻松，可是大家知道，一个一等功已经是很多人一辈子也难以企及的高度。说到这里，他又说自己比较幸运，到青岛就赶上修机场，“我可以说遇到的机会挺好，如果不是修机场如此重要的事情，可能也立不了一等功。我常常想，当年如果不参军就到不了今天，是部队成就了我。”所以，他也告诫年轻人，遇到事情一定不要退缩，也不要有畏难情绪，有大事方有大功。

自己因时代需要弃武从文，但是凌南申对部队还是很有感情。采访结束时，他说希望现在的“兵娃娃”们好好在部队干，“在部队里面会受到很好的训练，可以去掉身上不好的习惯，会让人成长。”

凌南申小传

凌南申，男，1927 年出生于当时四川省永川县张家乡。1949 年底在重庆加入中国人民解放军，后被派到开县进行征粮等工作，并担任工作组组长。1950 年 6 月，凌南申重新回到部队，随后随着军部调往青岛，筹建青岛海军基地，其间参与修建流亭机场。因为表现突出，荣立一等功。后考入山东大学，并最终留校任教，先后担任助教、讲师、副教授、教授，后退休。

第十五篇 一等功臣张玉宏：即收即发的战场“密码天才”

200 组密码，2 分 26 秒翻译完成，全军第一。2900 个字的密码，记得滚瓜烂熟，战场上能一边听侦察汇报，一边即时用密码发报，这就是一等功臣张玉宏。他告诉记者，其实自己这个“密码天才”是“被迫无奈”当上的，他当初的第一志愿是当一名运输兵。

张玉宏（李培乐摄）

“吃饭就像打仗”的童年

1965 年出生的张玉宏，在家里排行老八。他说，小时候吃饭就像打仗，能吃饱肚子就烧高香了，绝对不会像现在每天为了吃什么犯愁，“有啥吃啥，能吃饱那就是最大的满足。”

他们一大家子，一顿饭就要吃掉两锅窝窝头，在印象中，妈妈就是天天忙着做饭，似乎都无法喂饱这一大家子人。“大铁锅炖上一锅白菜，一顿饭就吃得光光的，主食就是地瓜面。”很多时候，张玉宏的妈妈只能等孩子们吃完，才吃点剩下的饭。

由于家里有五个姐姐，在赚工分的年代，他们家很吃亏。在张玉宏的印象中，很多时候到年底一算账，自己家还倒欠村里的工分。为了挣工分吃饱饭，一家人一年到头神经紧绷绷的，“现在的人很难想象为了吃饭发愁的日子，每次到校园讲红色故事，我都想让孩子们知道，吃饱饭并不是无比正常的。”直到 1981 年，随着家庭联产承包责任制的实行，他们家终于可以吃饱肚子了。

家里情况不好，上学就变得奢侈，“7.5 元的学费，妈妈背着麦子走了六七里地去卖，本想卖掉麦子给我凑学费，没想到麦子没有卖掉，一来一回背着麦子，本来身体就不好的妈妈反而生了一场病。”当时张玉宏最小的姐姐和哥哥在上高中，弟弟在上初中一年级，看到家里实在无法凑够学费，他虽然深爱着学校，不舍得离开校园，但看到妈妈的愁容，还是选择了退学。退学后，虽然年纪小，但那个年代不能吃闲饭，他稚嫩的双肩开始挑起家庭的重担。务农的日子辛苦但也充实，“通过劳动让自己吃饱饭，那是很自豪的事情，一年四季的庄稼全都拿手。”就这样，张玉宏成了地地道道的小庄稼人。

极力争取的入伍资格

虽然已经是农活的行家里手，但是张玉宏的内心并不安分，他一直想通过当兵走出农村，走向更为广阔的天地。

1982 年，年仅十七岁的他就去报名参军，可惜因为年龄问题未能如愿。第二年，他早早前去报名，可是民兵连长的一句话让他蒙了：“身高必须 1.60 米以上，尽管量了再量，我只有 1.59 米。”这下，张玉宏坐不住了，他不能错过这个机会，因为当兵是他当时唯一的执念。执着的他跑到了大队支书家里，“叔，我想参军，民兵连长说我身高不够，你一定要帮我。”看到张玉宏如此想当兵，书记做了顺水人情。就这样，部队向张玉宏敞开了大门，他成为当时北京军区某部队的一名战士。

“我是那种不服输的性格，在新兵连能争第一，绝不要第二，打靶和劳动都是最出色的。”努力没有白费，1984 年下连队时，他是新兵连唯一一个嘉奖获得者。但到了连队，张玉宏并不开心，甚至有些小情绪。张玉宏敞开心扉说：“那个年代都穷，我原想着当兵学会开车，退伍回来可以靠这个技能养活自己，没想到被分到了无线班。”带着这个情绪，永远争第一的他懈怠了，开小差了，训练也无法投入了。后来，全团考核，班长找他谈话，“行行出状元，首长让你到无线班必定有道理，你要融入，还要出成绩。”

探亲后返回部队直接剃光头

班长话说得那么明白，没有理由再耍小性子，张玉宏开始疯狂地背密码，除了正常训练，夜晚菜地边都会有他背诵密码的身影。这种骨子里的不服输的精神，让他在考核中获得了全团第五的好成绩，“我们的首长对我刮目相看。”

获得肯定的张玉宏，下定决心干一行爱一行。凭着自己的努力，他成为无线班的班长，后来更是成为指挥排的代理排长。1986 年，平常还种菜的他们，感受到了明显不同于平时的训练强度，特别是开始实弹射击等，让他们都感觉到了“山雨欲来风满楼”的气氛。

1986 年 11 月中旬，部队批准大家回家探亲，“当时感觉到要参战，但是也没法和家人说，内心很痛苦，但又要表现得很正常，不让家人觉察出来。”等到第四天他重新回到部队，连里直接将其拉去剃光头。

这时，已经转业到了地方公安局的营教导员仇景凯悄悄找到他说：“你如果不想参战，可以留下来。”仇教导员一方面是爱惜他，另一方面也是要看看他的决心。“我要参战!”看到张玉宏坚定的面庞，老领导很是满意，“那我不留你!”说起当时自己的选择，张玉宏说，当兵作战是职责，参战对一个军人来说是光荣的。

全军第一的密码天才

1986 年，伴随闷罐车咣当咣当的声音，张玉宏他们到了昆明。到达的同时，战前训练也就开始了。战场对于无线兵的要求很高，部队要求尽快出好成绩，适应战时需要。为了让大家出好成绩，无线兵的每一顿饭都比别人加四个菜，每天中午晚上各有一次小考，每周还有大考。为了提高自己的成绩，大家都暗暗较劲，互相出题考对方，在比较中提高。张玉宏喜欢自己背着电台，来到山上，靠着一棵松树开始疯狂地背诵密码，有时背着背着，连中午饭都忘了吃。

没有白白付出的辛苦，张玉宏的成绩从全师第四，一跃成为全军第一，“2 分 26 秒完成了 200 组密码的无差错翻译。”为此，时任团长陈凯华直接在大会上点名表扬张玉宏，更是给他记了三等功一次。万事俱备，1987 年 3 月，张玉宏和战友们开始进入战场，在穿越堑壕的时候，要准确地对暗语方可通行。“身上背着水、面条、罐头、电台、电池等，一个人的负重超过 100 斤。”最终，他和战友们进入松毛岭战区的负 2 号高地。这个高地有 200 米的坡度超过 70 度，位于石缝中间，进出都需要爬，要命的是电台的天线需要架设在制高点上，他们距离敌人直线距离不足 50 米，一旦被发现就有生命危险。

读者可能都听过同声传译，那种一边听一边及时翻译的神奇，恐怕让很多人直呼过瘾。可张玉宏居然可以实现不用记录情报，一边接收情报，一边用密码即时发报，“从开机到关机，不会出现一个汉字。”

靠着这高超的天才技术，他总能第一时间将情报发送出去。

战场的血与火

在真正的战场上，很多时候，上一秒还谈笑风生的人，下一秒就没了。有一次，和张玉宏一起的侦察股长穿着四个兜的衣服到了观察所，可能是被敌人侦察到了，接着三五发炮弹就打过来了，后果可想而知。还有就是八一建军节那天，因为参谋长前去慰问被越军发现，接着就是雨点般的炮弹应声而落，“参谋长视察后不禁感慨说，我们是最艰苦、最危险的前进观察所。”

“1987 年的 8 月，几枚炮弹带着嗖嗖的声响，直奔我们连指挥所而去。随着爆炸声响起，我们看到连队的文书倒在血泊里，连指导员赶紧上前救援，结果炮弹又来了，我眼看着指导员当场牺牲。”说起当时的情景，张玉宏说，眼睛里都是泪水，胸口很难受，无法接受。

张玉宏在前线（李培乐翻拍）

张玉宏在战地的留影（李培乐翻拍）

不但炮弹随时“光顾”，敌人也会偷偷地摸上来。为了阻止敌人偷袭，前进观察所前边挂满了用废旧电线相连的手榴弹。可是，这依然阻挡不住敌人的进攻和偷袭。1987 年 4 月 1 日，张玉宏遭遇了上战场以来最紧急的时刻：这天晚上 9 点多，他放置在外围的罐头盒发出了声响，再三确认那不是老鼠走过的声音后，他知道敌人上来了。于是，他拿起加重的手榴弹，朝着有动静的地方扔了过去，“扔了十几个加重手榴弹，当时就我自己一个人在观察所，扔完后吓得一晚上没敢合眼。第二天早上，我侦察发现敌人留下了六具尸体。”不过，张玉宏的立功报告上面并没有提击毙敌人的事情，但是记载有缴获地雷、四〇火箭筒等战利品四十余件。对于这个问题，张玉宏说，当时是基于战争快要进入尾声的需要，没有提消灭敌人的事情，“战友们也知道这个事。”

进家门时严肃的父亲哗哗掉眼泪

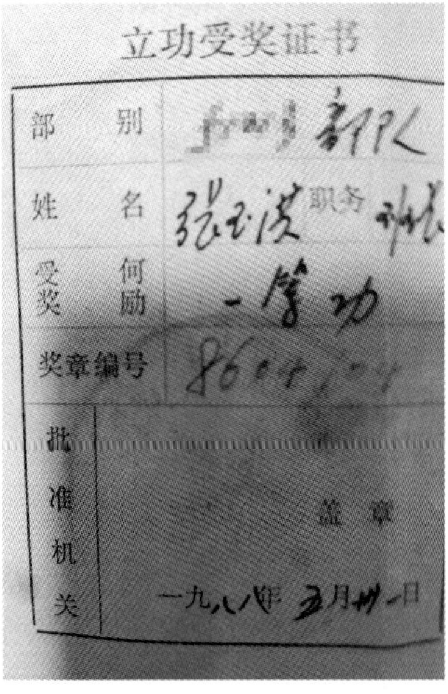
立功受奖证书

部别	[redacted]部队		
姓名	张玉洪	职务	
受何奖励	一等功		
奖章编号	8604…		
批准机关	盖章 一九八八年五月廿一日		

张玉宏的一等功证书[①]（李培乐摄）

张玉宏说，1988 年下阵地后，他们在石家庄开了庆功会。听到张玉宏回来，战前就找过他的营教导员仇景凯又来了，第一句话就是：“小张，回来了，立功了吗？”当听到立了一等功和入了党之后，他笑着说：“那我不留你，在部队好好干吧！”

直到今天，对于这位仇教导员，张玉宏依然心存感激，“自己一个农村孩子，没有任何背景，他看重的是我的努力和积极向上，人生的关键时刻都来给我一个选择的机会。”

① 证书“姓名”一栏误为“张玉洪”。——作者注。

于是，张玉宏开始随着英模报告团到处作报告，战友们提前两个月就回家了，他却还一直在路上。为此，尽管家人接到了立功喜报，还是非常担心。终于，到了回家的时候，这一幕张玉宏铭记终生，“我一进院子，父亲看到我之后，愣在原地眼睛直勾勾地看着我，眼泪哗哗地流了下来。”张玉宏说，在他印象里父亲是位严肃的家长，小时候自己在外边和别人打架，回家必先挨揍，可是当时的父亲却无比温柔。这一幕让他永远记在心间，或许这就是父爱，伟岸而严肃，但是关键时刻温暖而深情。

张玉宏在探亲时，突然接到了电报要求速返部队，他知道肯定有大事情，于是赶紧归队。到部队后接到了可以退伍回家的通知。和张玉宏一样，很多战友也是探亲时接到了电报，“由于回去的时间不一样，很多战友都没有能见上一面就离开了部队。”

离开部队后，张玉宏回到了济南，成了济南化肥厂的一名经济民警。后来，因企业效益不佳，他于2008年下岗。下岗后不能闲着，要强的张玉宏买了辆二手拖拉机，开始拉砖养家糊口。2017年，他成为一名公益岗的成员。“虽然现在住着公租房，但是任何时候，任何场合自己都很满足。”说这话的时候，张玉宏眼神中带着坚定，那不是矫情，那是从战场归来后看淡生死的从容。

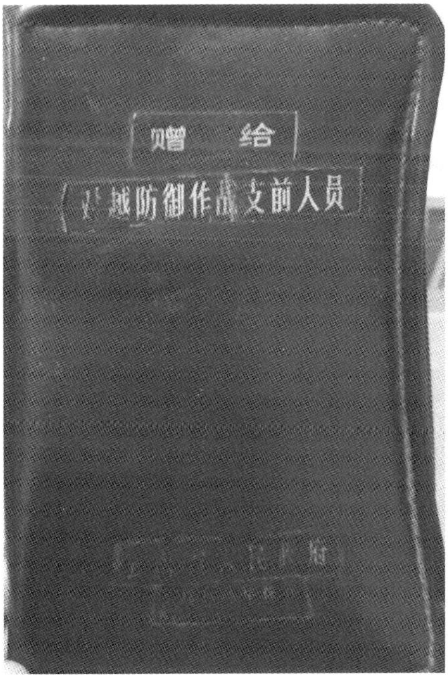

张玉宏一直保存的前线慰问品（李培乐摄）

现在的张玉宏还时常发挥余热，学校、单位以及很多活动上都可以看到他的身影，厚厚的一沓荣誉证书也是对其默默奉献的肯定。张玉宏说，他一定要将红色文化传承下去，让孩子们知道真正的战场。

张玉宏小传

张玉宏，男，1965年4月出生，1983年10月入伍，1987年11月入党，目前就职于济南新生活家园居委会公益岗。1986年9月在参加对越防御作战中，被所在集团军授予一等功；2019年中华人民共和国成立70周年时，被中共中央、国务院、中央军委授予“庆祝中华人民共和国成立70周年”纪念章；2021年9月被济南市高新区授予“最美退役军人”称号；2021年12月被济南市委宣传部、济南市退役军人事务局、山东省济南警备区政治处授予“泉城最美退役军人”称号；2023年6月被济南市退役军人事务局评为“十佳退役军人思想政治指导员”。

第十六篇　一等功臣王龙川：

血染的立功集体，突击队十人全部荣立一等功

中越边境防御作战中，突击队员也被称为“敢死队员”。一等功臣王龙川所在的突击班，经过一场战斗，十人全部荣立一等功，其中四名战友不幸牺牲。在荣誉的背后，那份沉重，让参战的他不想回忆。时光倏忽而过，几十年过去了，他终于敞开心扉，讲述了战场的残酷和浓浓的战友情。

王龙川讲述当年战场情景（李培乐摄）

祖父辈的红色印记

“实实在在地说，我们从来不敢去想那些东西，从内心不愿意提

起，提起来就很悲伤，很压抑。”2023 年 4 月 12 日，见到对越防御作战一等功臣王龙川时，他开门见山。王龙川曾是原济南军区某师师直侦察连的一员，他说自己为能进入那样的英雄连队而自豪，也从没有后悔自己选择成为因“全训”而著称的侦察兵。

1965 年 8 月，王龙川出生在风筝之都潍坊。在他的记忆里，上学后就跟着父亲来到了济南，从此成了济南人。“战争年代，爷爷是地下党，小的时候爷爷领着我去英雄山，每次在马保三的墓前都会伫立良久，当时就很奇怪，但小孩子也没有多想，后来才知道，爷爷曾经跟随着马保三从事过地下党的活动。”子承父业，王龙川的父亲利用自己在铁路系统的工作身份，也从事过传递情报的工作。“1989 年，父亲单位的一位李姓工作人员打电话给我，说要给我父亲补一下解放前的革命经历。”也是这个电话，让王龙川开始更多地了解到父亲的过往，“由于经历了特殊年代，对于很多事情，父亲也不愿意多说，但父亲真是一个有故事的人。”

基于自己人生的种种经历，曾经从事过革命工作的父亲，却坚决不同意王龙川去当兵。为了阻止他当兵，父亲甚至将户口本藏了起来，最后还是在母亲的帮助下，王龙川才顺利拿到户口本，通过了所有的当兵手续，拿到了入伍通知书。

离家入伍前一天才敢通知父亲

即便拿到了入伍通知书，王龙川也不敢和父亲透露半个字。直到入伍要走的前一天，他才鼓起勇气来到父亲面前。“爸爸，我要跟你商量个事，明天我要离开家到外地待几年！”听到儿子的话，父亲缓缓抬起头，眼神中带着疑惑：“不是要过一阶段才走吗？”原来父亲以为王龙川说的是学开车的事情。“我这次离开要三年，我是要当兵去。”这句话出口，王龙川心虚地低了一下头，母亲则转身进了屋。良久，父亲的眼神还在愣住的状态，一言不发。“让孩子去锻炼一下也好！”母亲虽然心里有些紧张，但还是出来给王龙川辩护了一下。其实，当时父亲希望王龙川去学习开车。

知道事情已经无法改变，父亲慢慢说：“坐下吧，咱爷俩聊聊。”王龙川向父亲敞开心扉，说自己高中毕业了，父亲的单位这两年不进人，只能等父亲三年后退休才可以入职，“到时候弟弟也要找工作了，两个人谁去呢？我如果当兵，到时可以安排工作，弟弟就可以接您的班。”看到儿子已经深思熟虑过，父亲嘱咐了几句也就默认了他的决定。

1982 年 11 月，王龙川背起行囊，开始了军旅生涯。由于身体比较协调，头脑又灵活，他在部队如鱼得水，凡事都憋着劲整个输赢，不管是散打还是攀登、射击，成绩都名列前茅。为此，下连队时他选择成为一名侦察兵。侦察兵需要进行高强度训练，捕俘、地形学、野外生存等，用他的话说，别的兵一身衣服穿四年，他们一身衣服穿一个星期，衣服都是补丁叠补丁。“如果技术不规范，一个前扑下去，胳膊在地上一搓，新衣服就白了，当时训练场的地全是黄土压实铺的沙子。”

一顿饭吃十一个大馒头

由于高强度训练，侦察兵的饭量也是非常惊人，大馒头王龙川一顿饭要吃十一个，但就饭量而言，他还不是最厉害的，吃得最多的人能吃十五个，吃得最少的也要吃七个。还有那种大菜包子，他一顿饭要吃下十三个，最多的人能吃下二十四个。以至于一些老兵在吃面条的时候琢磨出了“妙招”：先盛半盆面，不用两分钟吃下去，然后再去盛满满一盆。据说，这是因为如果第一次盛满满一盆，等吃完就没有机会再盛第二盆了。如此惊人的饭量，让侦察兵的伙食也无法保证顿顿大馒头了，很多时候要吃粗粮，甚至去别的连队借粮食。

火热的军营，血气方刚的青年人。爱打抱不平的王龙川，也是少有的“刺头兵”，用他的话说就是看不惯有人受欺负。在纪律严明的部队，王龙川因为多次打架而背上了处分，成了“后进兵。”

本以为如此三年就可以退伍了。可是，到了1984年10月份，一切都在悄然改变，部队下通知不再复员了。这时，王龙川也听到消息，说军区前去请战了。于是，那一段时间大家都在讨论，对王龙川来说，那时的他并没有太多的想法，只是觉着作为军人赶上战争是一种荣幸。

在回家探亲的时候，王龙川对可能参战的事一概不提，但是也特意走访亲友和同学。哥哥姐姐也叫着他一起在外边吃饭，大家都心照不宣。相聚的时光总是短暂的，十几天一闪而过。重新回到部队后，他作为侦察兵开始加大夜训，经常凌晨2点，集合哨子响了，大家就立马起床，几分钟就赶到下边集合完毕，这一阵子大家明显感觉到了训练强度的提升。同时，营区里也变得比以往更加热闹，甚至照相的师傅也频繁出现在营区，很多人也都在给家人写信。

让人感动的咸鸭蛋

1985年春节过后，部队参战的氛围越来越浓。但是，对于啥时参战，作为战士的王龙川并没有任何确切的消息。

1985年3月5日，刚刚训练完回到宿舍的王龙川突然听到了集合哨声，他赶紧背起早已打包好的装备，快速下楼登车。很快，部队到了潍坊火车站，在这里王龙川依然满心狐疑，“怎么个情况，看到当时有工兵，也有医护人员。”登上火车一个小时，此时王龙川依然认为是在演练，他想着很快就会下车。火车却一路疾速前行，早上醒来时，已经到了济南白马山车站。

那天雾气很大，火车站几乎没有人。当听到一位济南口音的火车站工作人员说话后，王龙川赶紧询问：“哥们，听口音是济南人，我也济南人，知道这车是发哪里吗?”“这车是去云南的，发昆明!”听到这里，王龙川蒙了，连忙提到自己父亲的名字，对方说那是他的老主任，“我这要走了，家里人也不知道，麻烦你和我家里人说一声，让他们放心。”对方说，一定会把话传达到，说着就跑着离开了，这让王龙川还有些许疑惑。

没想到，一会儿那位工作人员气喘吁吁地回来了，手里还拿着咸鸭蛋和几盒烟，“兄弟，没别的，这点东西带着。”看到这带着温度的咸鸭蛋和烟，当时的王龙川非常感动，眼泪都掉了下来。一路风尘一路歌，列车载着王龙川和战友，跨过山河，到达了云南昆明，之后又到了文山。在这里，他们将开展战前训练，准备踏入前沿阵地。

“侦察兵是找死的”

对于走上战场，王龙川说他并没有害怕，反而是放松了，“到了战场了，无所谓了，听天由命。”1985 年 4 月份，作为侦察兵的王龙川就进入了阵地，开始了血与火的战争生活。

从此，他开始神出鬼没，昼伏夜出，出没在国境线，出没在密林中，更出没在敌人的眼皮子底下。王龙川说他经历了八九十次侦察任务，很多时候，一出去就两三天，找个合适的地方猫下，静静地观察敌人的一举一动。为了节省给养，他控制着让自己每天只吃一顿饭。

战场合影（李培乐翻拍）

第一次大任务，王龙川说是在 1985 年的 6 月 8 日，分两路对 1169 高地进行侦察。可是，到了 9 日工兵班长周方就因为踩到地雷牺牲了，同时还有两个战友受伤。周方牺牲后，王龙川还代替他继续和周方家里通信，但被周方当老师的妈妈看出了端倪，因为模仿的字迹还是有区别的。

“我们的连副指导员也牺牲了，南方的雨林特别湿滑，当时他不慎掉下了悬崖。”王龙川说，云南边境的地形不像北方，经常是断崖，不像北方的山基本都是缓坡，往往正走着，突然就是万丈悬崖，深不见底，对面近在眼前就是过不去，所以时刻充满危险。侦察兵随时面临悬崖峭壁、地雷、狙击手的冷枪等，所以他们在战场上曾经自嘲说“军工是累死的，炮兵是等死的，侦察兵是找死的”。

难得的战场闲暇时光（右一王龙川）（翻拍）

对于王龙川来说，7 月份他们撤到尖山时，也是差一点小命不保。当时正在洗澡的他，听到哗啦哗啦的声音，就问参谋长：“参谋长你拿石头砸我干嘛？”参谋长一听破口大骂：“你小子还不上来，正在打炮呢！”对打炮有些习以为常的王龙川赶紧跑出来，结果一枚炮弹在不远处爆炸，弹片贴着他的肩膀滑过去，落到了水里。他伸手去捡这块弹片，还是烫手的。现在回想起来，王龙川还是心有余悸，“要不是老胡，我小命就彻底交代了。”

还有一次侦察任务，本来说好五天，到了第九天才接到撤退的命令，“当时饿到什么程度，听到撤退命令后，一下站起来直接就晕倒了。”

“9 · 23”血战，四名战友牺牲

为了打击敌人，前线指挥部成立了突击队，准备攻击 395 和 436 阵地。王龙川成为突击队一员，他所在班的任务是绕过盘龙江到敌人的后方去，负责抓俘虏。为了做好战斗准备，他们事先侦察了四次。

“9·23”突击前合影

敢死队出征前佩戴光荣花（左一为王龙川）（李培乐翻拍）

21日，他们就进入了战场，当时为了保障战斗力，待遇很好，“两名警卫员照顾着，给洗衣服，吃饭一人一只烧鸡，还有猪蹄，但是大家实在都吃不下。”他们十个人曾经立下承诺，大家是捆在一起的，不管谁牺牲，他的父母就托付给活下来的人。

出击前合影（前排右一为张峰，右二为王龙川）

由于路上有两个兵不见了，王龙川和战友只能回去找人，最后人找到了，却折腾了一个多小时，为此进入阵地的时候已经6点7分左右了，而当天的战斗6点15分就打响了。

战斗开始后，担任主攻的部队进展并不顺利。当时王龙川他们距离敌人直线距离只有二十五米左右，看到战场的态势后，决定加入战斗。于是，大家开枪打断六根电话线，并且向敌人发起进攻。一时间敌人的火力直接就朝他们压了过来。

前后也就三分钟，战友周秋波就胸部中弹。“我这里挨了一枪，没事，挺着就行了，要是打着心脏就去见老连长了。”听到周秋波的话，王龙川赶紧过去帮其包扎，就在这时，越军一个手雷扔了过来，周秋波见势不好，抓起来就扔了出去，“手指都炸没了，他练过铁头功，身手敏捷，要不是他我们当时就全完了。”接着，李兰华也受了伤，右眼球都被打了出来，“当时趴在地下，满脸都是血，我都不知道是眼球，用手一捏，他嗷的一声，我才意识到是眼球。我当时用随身携带的葡萄糖给他冲洗了一下。”

某师侦察连“9·23”出击作战十勇士（王龙川提供）

战斗还在继续，战友们都在用手中的武器和手榴弹向敌人发泄着怒火，敌人也在拼命挣扎。战斗中，就听到“嗖”的一声，赵家昌的嘴被子弹击中，当时满嘴是血，合着血水一下吐出两颗牙。“我用绷带帮他捂着，用了两瓶云南白药也止不住血，只好塞了一些绷带在他嘴里，让其咬着。”虽然惨烈，但有了他们的助攻，七连攻了上去，火焰喷射器、手榴弹、机枪等一齐开火，把敌人彻底消灭。

战争是残酷的，在撤退的时候，王龙川最好的战友张峰牺牲了，“我们几乎都是在一起，这一次却永远分开了。”据王龙川介绍，当时他们撤出的位置三面环山，暴露在敌人的眼皮下，而且地都被炮弹炸软了，行走困难。当时，张峰带着受伤的李兰华和周秋波，被敌人一个扫射全都打倒。张峰虽然被军工抢回来，但还是牺牲了。这一战，王龙川所在的班十个人都荣立一等功，但是有四人献出了年轻的生命。

“我是典型的后进变先进，参战前自己因为打架背着处分，参战后荣立一等功。”王龙川说，本来他的荣誉还会更进一步，是能够获得“荣誉称号”的，但是自己让过一个一等功，所以第二次评定一等功的就没法给“荣誉称号”，“但我不后悔，和牺牲的战友比，还有什么不能理解的！”

凌晨回家，激动到失声

1986年5月份，王龙川和战友们撤出阵地，回到了潍坊的老部队。回到部队后，他只想回家见自己的父母。

说到母亲痛哭流涕（李培乐摄）

回到部队，王龙川就找到连长要回家。于是，在回部队的第二天晚上，他就坐上了开往济南的火车。火车凌晨2点50分到济南，他永远没法忘记见到济南火车站工作人员的情景。劫后余生，他看到父亲的同事们，直接就喊他们。“你活着回来了”，大家一边说着，一边用力拥抱他。当时门口的三轮出租车司机听说他是战斗英雄，一定要送他回家，嘴里还说着“免费送你，不收钱兄弟”。但是王龙川觉着人家干买卖不容易，就婉言拒绝了，他徒步四十分钟回到了朝思暮想的家，手里提着瓷瓶装的洋河酒、沱茶，还有几条烟。

到了家后，喊了一句“娘，我活着回来了！”当娘的听到后，问了一句“龙川，是你吗？”当时，王龙川张了好几次嘴，想说“妈，是我，是龙川”，可就是发不出声音，他一再地张嘴，但是却越着急越喊不出声音。紧接着，他就清晰地听到，母亲和父亲说：“好像是儿子回来了！”但父亲说：“哪有动静。”失声的王龙川虽然着急，奈何说不出话，直到五六分钟之后，才缓过劲儿说：“娘，是我。”于是二老起床打开门，看到了站在门外满眼泪水的儿子。

“当时，我清晰地记着和我娘打照面的时候，她头发几乎都已经花白，看到她穿着棉纱布的睡衣，露着膝盖，我一眼就看到膝盖全是黑的。”见到了娘，王龙川哇地一声就哭了起来，声音凄厉，把邻居们吓得都起了床跑过来看，还以为是出了什么事情。“我当时跪着，抱着老太太，一直在哭。”王龙川说，这一年多的压抑，一下子全部爆发了。

进到院里，王龙川看到了三个茶缸子里满是香灰，他也确定了自己内心的判断，妈妈的膝盖是黑的，就是天天为他烧香磕头造成的。由于还是夜里，父母就赶紧让他休息，到了房间才发现和自己走的时候一模一样，“爸爸告诉我，我妈不让我弟弟哪怕在上面躺一下。”

替战友们活着的余生

荣立一等功，王龙川可以保送去军校，但是他却选择放弃，于是连指导员找他谈话说：“这么好的机会，放弃不可惜吗？”但王龙川觉着，要用余生尽孝，于是进入了铁路系统工作。

在铁路系统，他从列车段、排班室、武装部最后一直干到综合科。但是，他最终却选择离开，“结婚了，经济压力也大了，再说还要照顾战友的家人，收入入不敷出。”王龙川说，因为战友家有事他就要去，特别是张峰的家里，那么好的战友，他有义务照顾战友的家人。

“9·23”出征前与慰问文工团合影（右三为王龙川，右四为张峰）

但是，战友的家人们往往看到他们就联想到自己的孩子。有一次，张峰的姥姥看到他们甚至晕倒，于是有一阵子大家就不敢去了，毕竟看到他们活生生地出现在面前，老人会更加想念自己的孩子。直到后来，大家在墓地再次碰到，渐渐地也就释然了。

不再定时定点上班的王龙川摆过地摊，卖过服装，经营过露天的“卡拉 OK”，还开过出租车，最终在 1996 年进入药品行业。“牺牲的四个战友，只要家里有事情就去，残疾的也帮着照顾，要让自己的良心过得去。”

在采访王龙川的时候，战友靳荣洲也来了，和他一起回忆那场刻骨铭心的战争。“战友家有事，自己家的事情放一放，也要对战友的事情全力以赴。”靳荣洲如此评价王龙川。

王龙川小传

王龙川，男，汉族，1965 年 8 月出生。1982 年 10 月入伍，在驻山东省潍坊市安丘县 54598 部队侦察连服役。1985 年 2 月随部队赴云南老山八里河参战并荣立一等功。1986 年 5 月回到老部队，当年 11 月复员回家，1987 年 5 月分配到济南铁路局列车段工作。曾被授予“济南荣誉市民”称号，获评济南市第一届“百名最可爱的泉城模范老兵”，同时还被评为“十佳退役军人思想政治指导员”。

第十七篇　一等功臣**韩德顺**：为导弹筑巢的无名英雄

现在的韩德顺已经退休（李培乐）

他是原二炮部队的一名工程兵，专门负责给导弹“筑巢”。由于部队的特殊性，他们必须躲进深山，与寂寞为伴。日复一日，高强度的工作，让他们疲惫不堪，可当导弹入库，他们内心就会升腾起由衷的自豪。下面，就让我们一起来认识为导弹筑巢的一等功臣韩德顺。

那些忘不掉的关于吃的记忆

1955年出生的韩德顺原籍枣庄滕州，虽然现在已近古稀之年，但是依然精神抖擞，踌躇满志。他说，农村孩子出力气是强项，加上部队的锻炼，让他始终保持着一股向前的冲劲。

韩德顺的童年并不幸福，甚至有些苦难。在4岁的时候，他失去了父亲，从此养活一家人的重担落到了母亲和年长的哥哥身上。在童年的记忆中，黄烟种子、榆钱、榆树皮、杨树“毛毛虫”、柳芽等都曾成为他们家的口粮。“黄烟种子需要先用水泡着，晾干后再炒着吃，还谈啥好吃不好吃，就是解决饿肚子的问题。榆树皮需要刮掉黑皮，磨碎后再吃。”后来，村里开始种植八根叉的高产高粱，这种高粱虽然产量高，但是吃完上厕所大便干结，简直是受罪，但是对那时的人来说，活着才是最重要的。

在饿肚子的年代，只有过年的时候，每个人才会分三到五斤的麦子，“白面留着走亲戚用，招待人用，自己家几乎舍不得吃，只有过年才吃顿杂面饺子。”让韩德顺记忆深刻的是，每当村里杀猪，所有人都巴望着多要一点肥肉，毕竟大家肚子里都缺油水，肥肉可以炼成油脂，为此村里只能把肉尽量按照肥瘦搭配分配，让大家都可以添点油水。

为了改善生活，1974 年，十九岁的韩德顺当上了村里的副生产队长，带领青年突击队义务撒肥，改善种植条件。没有白流的汗水，到了这一年年底，每人分到了八十斤小麦。后来，通过深耕打井，小麦的产量明显增加，渐渐村里人不再饿肚子了。此时的韩德顺已经不满足仅仅在村里的耕作生活，他开始外出去南荒打工，帮着该村深翻土地，“一天两分钱，二十个工分。”

钻进深山、手拿风钻的工程兵

时间来到了 1975 年，在当年秋天，韩德顺决定换一种活法，于是毅然报名参军。就这样，二十岁的他第一次离开家乡，第一次离开亲人，到外地开始了军旅生涯。

他的兵种是原二炮的工程兵，工作就是手拿着七八十斤的风钻开山劈石，为导弹“筑巢”。由于身体素质比较好，他甚至可以一手拿一个风钻，双管齐下大干特干，“农村孩子有力气，也不惜力。”据韩德顺说，他参与打的第一个导弹井深度数十米，直径也达到数十米。大家可以想想，那时候没有大型机械，身处条件艰苦的大山里，他们是如何挥汗如雨的。

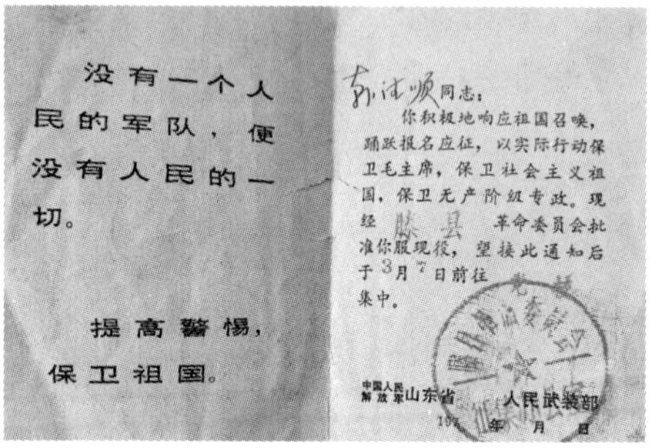

韩德顺的入伍通知（李培乐摄）

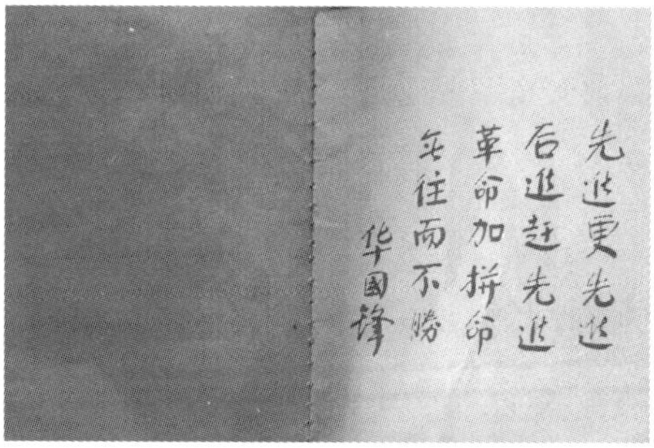

一个年代的记忆（李培乐摄）

“我所在的营分成四个班组干活。”韩德顺难以忘记，自己腰上拴着绳子在炸断面上排险的情景，到处都是岩石，有的尖利无比，就怕遇上塌方。“一天工作十个小时，真是精疲力尽，走着路有时候都打瞌睡，每次去工地都是拿两根撬棍，如果一根断了，马上换另一根。”韩德顺说，特别是灌注混凝土的时候，为了确保凝固效果，施工不能停止，大家真是拼了命在干活。最终，九百人挥洒了一年的汗水才终于让导弹“有了家”。导弹的弹坑要进行严格保密，他们施工工地的上方覆盖着伪装网，周围都有人站岗，严格管控书信往来。韩德顺说，工程兵就是要耐得住寂寞，更要守得住秘密。对他们来说，很多功绩都不能放在明面上表彰。

遭遇塌方，密密麻麻的人敲石头

在劳动之余，只要有时间，韩德顺就会拿起书本，并且在 1978 年第一次报考了军校。虽然最终没有顺利考入，但是工作上的出色表现让他有了提干的机会，可惜因为超龄，再次影响了他的人生“进阶”。

没有提干，成绩突出的韩德顺便开始担任代理副排长，并且在1982年顺利转为志愿兵，后来又破格成为代理副连长。“打井，排险，我都是带头，什么事情都是冲在第一线。”让他难忘的是，他参与修建的第二个导弹井发生过塌方。“小山一样的石头塌了下来，几乎所有的人都上阵，因为怕影响井壁坚固性，不敢再用炸药，密密麻麻的人就用大锤敲石头。”前七天七夜，大家几乎吃住全在洞里，睡醒了就继续施工，“首长们看到我们辛苦，就一天给施工人员补贴两个鸡蛋，保证大家的战斗力。”在所有人的努力下，通过一个月的战斗，终于处理完了塌方。这次抢险，韩德顺荣立三等功，到了年底单位又给申报了二等功。1986年7月，基地也破格提升他为副连长。凭借突出的施工业绩，韩德顺在1986年8月1日又被直接任命为正连级。

韩德顺（李培乐翻拍）

出任一连连长后，韩德顺看到了该连的问题。该连因为干部们没有身先士卒，士气比较松懈，战斗力不强。为了改善这种状况，韩德顺除了自己以身作则外，还采取了不少“铁腕”的管理措施，“一晚上三个紧急集合，有人起不来，抬也要抬到集合现场。”最终，该连在两人提前退伍、六人被记过后，士气一下就上来了。

海外执勤三年，工期22个月完工

1987年5月份，团参谋长找到了韩德顺说：“收拾行李，跟我走。”听到这话，韩德顺睁大了双眼：“干嘛去？”“出国，你去不去？”听到出国，韩德顺一口答应，这样的机会怎么能错过。不过韩德顺也提出了自己的条件，他想带几名得力的人一起出国。最终，韩德顺带领一

韩德顺准备出国（李培乐翻拍）

百多人的连队，开启了海外执勤的日子。

“脱掉”军装换上西装，他们成了专业的施工人员，乘坐飞机，在震耳欲聋的马达声中，他们离开了部队，离开了祖国。到达目的地后，施工共分为四个阵地。第一步就是去取图纸，“我到了现场看到图纸的厚度不一，想直接抱最厚的图纸，没想到首长看到我后，让我抱最少的那堆图纸。”韩德顺笑着说，“首长并不是偏爱他，其实最少的那堆图纸是最厚的，后面还有一大堆，也是工作量最大的，他是让我啃下最硬的骨头。”

韩德顺在国外（李培乐翻拍）

即便是施工量最大的阵地，韩德顺带领着一个连的战士们日夜加班，还是将工程进度赶在了最前面。于是，首长视察后，提出了一个让他挠头的事情：“首长问我哪一个排战斗力最强，要调我一个排去别的阵地灌注混凝土。”本来施工就紧张，抽调走一个排，让韩德顺倍感压力，被抽走的排也是铆足了劲，仅仅 28 天就完成帮扶任务重新归队。归队后，韩德顺给大家进行了动员，提出让大家每天多干两三个小时，“下午五点，我们就会安排咖啡和烧鸡，给大家鼓劲。”为了不耽误施工，他总是第一个赶到建筑材料场地，协调各种施工物资。就这样，尽管被抽走一个排 28 天，所在阵地工作量最大，他们愣是第一个完成了工期，仅仅用时 22 个月，比预计的工期缩短了 14 个月。因此，韩德顺也荣立一等功。

面对这样一支“铁军”施工队伍，外方工作人员竖起了大拇指。荣誉的背后是他们挥汗如雨，其实都没有汗，由于天气炎热，出的汗马上就蒸发了，每天都需要大量补充水分。韩德顺说，海外的这段经历让他终生难忘，毕竟很多人一辈子也没有那样的机会。据了解，在那个年代，他们每人每月可以拿到 99 美元的工资，外加 5 美元的奖金。

胸带一等功奖章的韩德顺（李培乐翻拍）

现在最挂念回到农村的战友

1990 年，韩德顺被提升为营长，拼命三郎一般的他带领的任何施工队伍都是一支特别能吃苦、特别能战斗的队伍。他曾经创造了“当年进厂，当年开工，当年滑膜，一次成优”的突出业绩。这一次，他也有了新的称号——“为导弹筑巢的铁营长”。

伴随着骄人的业绩，荣立一等功的韩德顺也继续升迁，先后担任旅后勤部部长、基地工程处副团职参谋。成为副团职参谋后，他来到了济南，负责这边的生产经营任务，从此与济南结下了不解之缘。1999 年，他又迎来了人生的十字路口，部队的首长都希望他继续留在部队，但是他却毅然选择转业离开。就这样，他进入济南卷烟厂，“一切都是自己的选择，选择了就不能埋怨。”对于退役转业，他如是说。的确，离开部队到地方，是一个充满未知的转变，不同的选择造就了不同的人生轨迹。“不管怎么样，在当时的情景下，肯定都是最好的选择，但是未来行业如何变化，我们却都无法左右。”

韩德顺（前排右四）在军营（李培乐翻拍）

韩德顺（左一）在送退伍老兵

现在战友相聚，大家也经常会调侃说，当时如果不走，韩德顺就会担任基地后勤管理部的处长，那可是大权在握的角色。每当这时，韩德顺都会说：“我现在对自己很满意了，一个农村孩子，我很感谢部队给我的一切。”

韩德顺说，现在他最心疼的是自己原来部队的战友们，大家跟着他拼了命地流血流汗，一锤一锹地辛苦付出，但回到农村，现在步入老年后，自己没有力气赚钱了，每月只有很少的养老费，日子大多都过得比较拮据，“我作为一个老兵，最希望的是给退伍回到农村的老兵提高养老金，他们一旦失去劳动能力，几乎就没有啥收入了。”

韩德顺小传

韩德顺，男，汉族，1955年出生，山东省滕县西岗公社魏庄大队人。1975年参军，成为原二炮的一名工程兵。1977年5月加入中国共产党。1978年1月任副排长，1981年1月任代理排长，1982年转志愿兵。1983年任代理副连长。1986年7月1日转任副连长。1986年8月8日任连长。1987年6月出国执行援外任务，1989年回国。1990年4月任营长。1992年12月任某旅后勤部副部长。1994年任基地工程处副团职参谋。1999年转业进入济南将军集团，现已退休。在部队前后十次被评为“模范党员”，五次荣立三等功，一次荣立二等功，一次荣立一等功，被原二炮部队授予“国防施工先进个人”称号。

第十八篇　一等功臣 吕传智：写在"大重九"上的遗书

吕传智（李培乐摄）

初见吕传智，其人精干利落，身形笔直，特意穿上军装的他，胸前挂着金光闪闪的一等功勋章，军人的气质扑面而来。翻开一张张老照片，看着那写在烟盒上的遗书，他开始娓娓道来那血与火的人生。

普通农家的老四

和那个年代大多数的家庭一样，吕传智的家庭也是一个兄弟姊妹众多的大家庭，在六个孩子中他排行老四。如果不是家庭的变故，他的童年应该在十里洋场的上海长大：他的父亲本在上海市煤气公司工作，家就在上海的城隍庙附近，后来父亲带领全家回到了爷爷奶奶所在的老家山东滕县（今滕州）。

虽然生活发生重大变故，虽然农村那时并不重视教育，但是开明的母亲还是咬着牙供孩子们学习，“宁愿吃不上饭，也要让兄弟姊妹上学。”靠着她的勤劳、节俭和坚韧，家里的孩子都尽可能地上学，出了五个高中生，还有一个是大学生，吕传智也是高中毕业。但是在那个靠工分生活的年代，孩子多代表着生活艰难。“为了补贴家用，心灵手巧的父亲开始用竹子编制鸟笼售卖。”在吕传智的印象里，父亲编制的鸟笼都是艺术品，而不仅仅只是一个养鸟的工具。

1982 年吕传智高中毕业后，开始帮着家里干农活，赚工分养家糊口。在贫困的日子里，传承着祖辈家风家训，父母一直教育孩子们要“诚实守信、忠厚传家”，“做一个正直的人，生活就是在爬坡；如果混日子，就是下坡”……

“吃饱不想家”的新兵

吕传智告诉笔者，他们家可以称得上是地地道道的军人世家：两个叔叔是军人，哥哥也是军人。在这种氛围中，从小他就感受着军人的魅力，在幼小的心灵中也种下了当兵的种子。1982 年 10 月，吕传智报名参军，顺利成为原济南军区某师的一名战士。后来他的小侄子也成为北部战区的一名军人。

吕传智（李培乐翻拍）

参军是吕传智第一次离开父母，19 岁的他开始独自面对一切问题。他笑着说，有的时候遇到难题也哭过鼻子。一开始他在炮兵团十连一班，整天与火炮为伍。到了 1984 年底，渐渐有消息传来，说部队可能要参战了。同时，部队也悄然发生着变化，训练加快了节奏。虽然训练很苦，但是渐渐适应的吕传智已经很少哭鼻子，用他的话说，开始“吃饱不想家”了。为了适应战场的形势，部队开展了有针对性的训练，五个人一门炮，班里所有的人都需要掌握炮兵的每个岗位的技术动作、职责要领，“这也是为了即便有战友牺牲，其他人能迅速顶上。”而且为了防止敌人反扑，火炮射击时，一个齐射必须在 9 至 11 秒内一次性打完，然后在 24 秒内迅速撤离火炮发射阵地。

1985 年 3 月出征前，其他战士的家里人都来部队探望，吕传智没有让家人来部队，也没有和家人做任何沟通，而是坐上了“伊尔-18”运输机。飞机先是到了湖北的机场，吃了饭后直奔云南砚山机场。一路上虽然晕机，但是第一次坐飞机的兴奋甚至盖过了参战的忐忑……当天晚上就到达了集结地域——砚山县。训练间隙，一有空，班里的战士就帮房东家拔三七大棚里的草，房东就要请他们吃饭，这是那里的风俗习惯，战士们就入乡随俗，尊重当地的风俗人情。在云南砚山集结地域，进行了两个多月的战前适应性训练和战场模拟演练。5 月 13 日晚上 8 点多，吕传智要去前线阵地对口换防，房东一家人哭得一把鼻涕一把泪，房东大妈拽着他的手说：“吕班长，你们都要活着回来，活着回来……”吕传智说，他永远忘不了自己肚子曾硬得像小鼓一样，是房东大妈用当地土方制作的药丸让他“药到病除”。

一天三次七处负伤

在老山前线，吕传智先后参加了“5・31”“6・11”“7・19”三次大的战斗。特别是在粉碎越军“M-2”计划的“7・19”战斗中，他和班里的五名战友奉命配属六连的一个排坚守 111 高地，为国血战。

“7・19”战斗阵地共六个哨位，他们六人分别和六连的战士们一起负责防守三个哨位。其中，吕传智和秦义海（一等功臣）、张泽群

（烈士、二等功臣）在最艰苦、最危险的5号哨位驻守，该哨位洞口地势较高便于观察，下面则是60多米深的悬崖。苗挺龙（一等功臣，双目失明）和六连的韦昌进（战斗英雄、一等功臣、首届“八一勋章”获得者）、成玉山（一等功臣）、吴冬梅（烈士）、李书水（一等功臣）驻守着6号哨位，该哨位是离敌人最近的（仅8米远），战友们交流全都靠耳语。邢玉华（一等功臣）、徐书铎（烈士、二等功臣）和六连的战友驻守在4号哨位，高地的最高指挥员是1979年和1985年分别参加对越自卫反击战和对越防御作战的排长王国安。

战场上难得的合影（前排左二为吕传智）（李培乐翻拍）

当年战场一角（李培乐翻拍）

7月19日凌晨四点半，战斗打响，敌我双方都炮击对方阵地。可以说，炮弹铺天盖地，整个阵地硝烟弥漫，火药味能让战士们窒息，爆炸声响彻天空，山摇地动，我方战士隐蔽在猫耳洞里。突然，敌人的一发炮弹落在5号哨位的顶部，瞬间洞口被炸塌，吕传智和他的战友双双受伤，鲜血直流。他们边包扎伤口边向上级报告情况。此时敌人也开始大规模地向5号哨位发起攻击，他们三人忍着剧痛，扒开被炸塌的洞口，给敌人以猛烈的打击，当即毙敌八名。“战斗七八分钟，敌人留下了五六十具尸体。”

敌人也下了大决心，一天之内进攻了七次。晚上担心暴露位置，他们就用手榴弹御敌，一晚上扔出去二十多枚手榴弹。当天晚上9点，敌人又有一发炮弹在吕传智身边爆炸，弹片击伤了他的左眼，左大臂也被弹片削掉一块两寸多宽的肌肉，还有一块弹片钻进了前胸。他的左眼眶下至今还镶着一块敌军的弹片，视力仅有0.2。“当时就感觉一道强光，眼睛就看不见了。”他一天三次七处负伤，几乎成了一个血人，但他仍然紧咬牙关包扎了一下自己流血的伤口，继续战斗，“当时已经感觉不到疼，衣服都和伤口粘在一起，脱军装的时候疼痛难忍。”他左眼包扎着，就用右眼观察敌情。就这样，吕传智和他的战友们一起带伤坚持了四天三夜，牢牢坚守着阵地。

人在阵地在，誓与阵地共存亡

7月21日，战斗发展到了白热化阶段，那天早晨的雾气特别大。越军利用雾气作为掩护，突然占领了111高地的表面阵地，战斗态势立即变得严峻起来，战士们在猫耳洞里可以防炮轰，而敌人却无藏身之穴。此时的6号哨位，有的战友牺牲了，张泽群要求增援6号哨位，在接近哨位的途中，吕传智就和敌人交上火了。韦昌进呼叫用炮火覆盖，说“为了祖国，为了胜利，向我开炮！”吕传智说，其实一开始，领导不同意这个提议，可是后来权衡再三，不一会儿只能下令开炮，阵地全部被炮火覆盖，各哨位积极配合，步炮协同，团结一心，经过22个小时的激烈战斗，最终解围了！

战争就是这么残酷，在随时可能丢掉性命的战场，战士们像钢铁一样钉在前沿阵地。当时的排长王国安在阵地上疾呼：“阵地上的同壕战友和共产党员们，仗打到了关键时刻，人在阵地在，誓与阵地共存亡，为国捐躯，死不当叛徒！”为此，大家每人留下一颗“光荣弹”，互相给战友们留下家庭地址，期望有活着的战友可以回去看看自己的父母。每个人也都写下了遗书，说着吕传智找出了那张写在“大重九”烟盒纸上的遗书，“一家不圆，万家圆；南疆报国洒热血，含笑九泉也心甘。”在这张写于1985年7月21日老山111高地的遗书上，记录着当时战争的残酷，就像是遗书最后的几句：“敌人离我只有50多米远了，就写到这里……”很难想象当时写这封遗书时的情景，但可以读出那股视死如归的气魄和赴死的决绝。

吕传智一直保留着这张“大重九”遗书（李培乐摄）

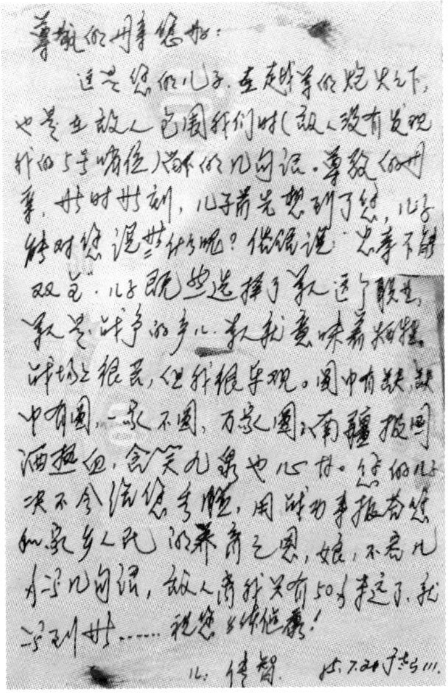

尊敬的爹娘：

这是您们儿子在越军的炮火之下，也是在敌人包围我们时（敌人没有发现我们5号哨位）留给您们几句话。尊敬的爹娘，此时此刻，儿子首先想到了您，儿子该对您说些什么呢？俗话说：忠孝不能双全。儿子既然选择了军人这个职业，军人是战争的产儿，军人就意味着牺牲。战场上很苦，但我很乐观。国中有我，家中有国，一家不圆，万家圆。为南疆捐躯洒热血，含笑九泉也心甘。您的儿子决不会给您丢脸，用战功来报答您和家乡人民的养育之恩，娘，不多几句话，敌人离我只有50多米远了，我写到此……祝您们保重！

儿：传智 85.7.20

当年的遗书（李培乐摄）

从19日至22日，经过四天三夜八十多个小时的鏖战，我军打退了敌人营、连、排等规模二十七余次进攻与偷袭，彻底粉碎了越军的“M-2”计划，保证了阵地寸土未丢。吕传智说，越军死了一个营长还有一个连长，被击毙三百多人，还有二百多人受伤。但我方也付出了惨重的代价，六名战友牺牲，其中吕传智所在班牺牲两名战友，活着的十二个人全部挂彩。当时因为连续战斗，他们几乎四天三夜没有吃东西，因为给养

立功受奖证书

部别	中国人民解放军		
姓名	吕传志	职务	战士
受奖 何励	一等功		
奖章编号			
批准机关	中国人民解放军 一九八六年六月		

一等功立功受奖证书（李培乐摄）

都被炸没了；没有水，嘴唇干裂，说话报告敌情都很困难。“当时，我的胳膊伤口处都臭了，自己都不想闻。”战后，吕传智所在的四连九班荣立集体一等功，吕传智荣立个人一等功，幸存的四人也均荣立一等功。

据不完全统计，战斗期间，整个高地上落下了大小不同口径的炮弹三万余发，让整个阵地平降一米多高，在阵地上随手抓起一把碎石，就有一半是弹片，可见战斗的惨烈程度。在“7·19”战斗中，吕传智一人就打死打伤敌人二十二人，其中还打死了一个越军连长。

放弃军校成为工人的老兵

1985年7月23日，吕传智撤出了硝烟弥漫、被自己鲜血染红的阵地，来到了麻栗坡落水洞144战地医院。对伤口稍作处理后，乘飞机到昆明的时候，他的脚肿得已经无法穿鞋。由于养伤，没法及时回到原部队，本来给家人写好了信，他却忍着没有发出去。可是，当看到负伤战友们的家人都过来看望的时候，吕传智再也忍不住了，发出了那封早已经写好的信，着急的哥嫂带着刚满五岁的儿子就赶到了昆明的医院看望。见到亲人的那一刻，虽然浑身疼痛，但是吕传智就像小孩子一样，撑着站起来，做了表演动作：“我的胳膊和腿还是自己的，放心吧！”

当年返回驻地受到热烈欢迎（李培乐翻拍）

荣立一等功，让吕传智有了上军校的机会，当时部队推荐他上南京炮校。对很多人来说，这是改变命运的机会，可是经历了血火战场的他，却有了不同的看法。他放弃了军校，来到了济南，被分配到机床一厂。在这里，他在生产一线干了4年，后来进入了企业武装部。从功臣到工人，干最脏最累的活，对他来说也从不感觉辛苦，因为和牺牲的战友相比，活着就是最大的幸福了。对于战场上的事情，他很少提及，甚至都不和家人提起。只有战友们聚在一起时，思绪才回到那震耳欲聋的阵地上。

由于月月超额完成生产任务，表现突出，吕传智连年被厂里评为“优秀职工”“优秀共产党员”。但时代的大潮滚滚向前，2013年，企业改制重组，他下岗了，现在从事公益岗工作。尽管如此，经历了人生变故的他，依然豪情满怀地发挥余热，“虽然老了，如果国家有事，照样冲在前”，“退伍不褪色，时刻准备着”，“若有战，召必回”，这是一个老兵的心声，也是一个老兵的坚定承诺！

吕传智小传

吕传智，山东滕州市人，1982年10月入伍，系原济南军区陆军某师炮兵团火箭炮营十连班长，战前因抽调班长、骨干到某团任二营四连班长。1985年3月至1986年6月，随部队开赴云南老山前线执行对越防御作战任务，亲自参加了“5·31”“6·11”和“7·19”等几次大的战斗，特别是在“7·19”战斗中，一天三次七处负伤，仍然坚守阵地，打死打伤敌人二十二名，并击毙敌指挥官一名，为配合六连完成防御作战任务作出了巨大贡献，个人荣立一等功，全班荣立集体一等功。

1987年1月退役，被分配到济南第一机床厂，一干就是三十多年，多次获得厂级和济南市机械局授予的“优秀共产党员”荣誉称号；2019年，荣获中共中央、国务院、中央军委颁发的“庆祝中华人民共和国成立70周年”纪念章。

第十九篇　一等功臣王威：

战场“千里眼”

王威戎装照（王威提供）

“部队是我实现人生理想的地方，经历战场的残酷后，即便只有一条腿，我也要战斗在一线。”说这话的是一等功臣王威。他从部队退休前是大校军衔，这个在部队家属院里长大的“军二代”，去南疆的时候连遗书也没有写，因为他认定自己一定能回来。下面，就让我们走近这位被称为战场“千里眼”的一等功臣。

军二代

王威的老家在风林公社风林村，现在归威海市经济技术开发区管辖，祖上是贫农，讨饭为生。王威的父亲十几岁时闯关东，在逃荒的路上被日本人抓去挖煤，差点累死在煤窑里。有幸穿过铁丝网逃出魔掌后，他走上了革命的道路。新中国成立后，王威父亲曾在1959年5

月 7 日作为全军英模代表，受到老一辈革命家的亲切接见。

1965 年，作为家中的第二个孩子，王威出生了，那时他家在长岛。王威从小经常听父亲讲战斗故事，由此萌发了从军报国的志向。父亲的枪就挂在家里，部队训练时他也跑去看。在父亲的言传身教下，上中学时，王威曾拿到了军事业余体校小口径射击队全省的奖牌。海岛生活比较艰苦，蔬菜是半个月送一次，赶上大风大浪，供给送不上，就得自己想办法，甚至有的部队家属休假二十多天，本来打算上岛探亲，结果遇到恶劣天气，愣是在蓬莱的宾馆把假期住完了。但那时作为小孩子的王威感觉长岛就像天堂，从不关心吃穿如何的他，天天捞鱼摸虾真是快乐。

随着父亲工作的调动，1972 年王威全家来到济南。面对新书本，他开始重新适应学校生活。1982 年高中毕业后，他心中只有一个梦想，那就是和父亲一样穿上军装参军入伍。

侦察兵

王威在同学中颇有威信，“当兵多好，怎么样，同学们一起去当兵！”当时王威所在的高中一个班四十五名同学，其中二十多人在王威的鼓励下一起报名参军，八名同学竟然还在老山战场上相逢！对此，王威记忆犹新。

在部队的王威（王威提供）

1982 年底，王威进入原济南军区某师师直侦察连服役。当兵就是要到最艰苦的连队去锻炼，他那时候看过《奇袭白虎团》和《渡江侦察记》，对当侦察兵特别感兴趣，也想成为那样的孤胆英雄。到了部队，在别人训练完休息的时候，王威却自己挤时间学习，他一心想考入军校。日常训练中，捕俘、摔跤、游泳、攀爬、枪械射击、摩托车驾驶、工兵作业、防化、无线电通信等，他几乎无一不学，在全训的侦察连队迅速成长。地形学是侦察兵锻炼胆量的必备科目，要求在夜间凭图凭记忆行进。王威说："情报故意放到坟墓前，晚上一个人去搜寻，不谈害怕不害怕，却因此被细菌感染皮肤，反反复复治不好，以至于要打仗了，自己还在总院住院。"

接到参战的消息后，王威毅然决然赶回部队请求参战，"我坚信此行必然能凯旋，心里还想着等打完仗回来，也给父母讲讲自己的战斗故事。"

火车长鸣，壮士离别。侦察兵从来都是担负战场上最艰巨的任务，生死难料，每个人心里都是有数的。一路南行，车厢里充满了壮志豪情，大家唱着国歌，沿途群众夹道欢迎，"我当时觉着那是此生从未有过的荣誉，是党和国家给了我们报国的机会。"

到了云南前线，进入热带雨林，面对那种和北方完全不同的地形，身为侦察兵的王威感触很多，喀斯特地貌图上看着只有两公里的距离，实际上两天都走不到头。

云上客

在南疆，从不缺乏血性。侦察连全体官兵异口同声："誓死保卫祖国，坚决完成战斗任务！"

战场上的王威（王威提供）

1985 年 5 月，王威他们进入前线阵地。云南的天气给部队造成很大的困扰，雨水多、蚊子多，旱季阴雨，战士们苦不堪言，王威说："即便山上失火都不用着急灭火，因为很快雨水就可以浇灭。"

下午四五点，云雾从山下深涧升起来，先是自己的脚看不到了，然后就是腿，后来站在地面上的两个人就只剩两个脑袋。有人索性往云里躺，想体验一把孙悟空“腾云驾雾”的神仙感觉，不料直接咣当摔到地上。

侦察兵需要昼伏夜出，在云南老山前线，可谓“明水暗路”，路面晚上黑黢黢一片，只有水在月光下会泛着光亮。到了潜伏的地方，深深地趴下来，咳嗽、放屁、打喷嚏这些都得憋着，一点动静都不能出。

与战友合影（右三为王威）（王威提供）

在一次侦察中，战友们都在潜伏，突然就听到左边和右边都有“敌人”在打暗语，当时想是不是误入敌人的伏击圈了，“头发当时都竖起来了。”越紧张越出事，躺在地上，紧紧抱着冲锋枪的时候，一条大蟒蛇来到了王威双腿之间盘起来取暖。尽管害怕，但是王威只能一动不动，一直到了天蒙蒙亮，大蟒蛇还赖着不走。没办法，王威渐渐挪动身子，一脚将大蟒蛇踹了出去。最后，全连撤出后，经了解才知道，原来所谓的“打暗语”是一种虫子求偶时发出的“咔咔”的敲击声。王威说，战场的紧张气氛令人窒息。另有一个班的战士潜伏，夜里隐隐约约看到敌人在眼前蹿过，实在忍不住了，向“人影”开了枪，顿时全班都开了火，天亮后才发现是芭蕉叶被风吹动在眼前形成的幻影。

“用针挑刺”

打仗总会有牺牲，王威说：“吕登祥是我们师牺牲的第一人，他刚结婚就去了前线，战前刚刚调入侦察连担任排长，牺牲时为连副指导员。当时，吕登祥带着一个排侦察，在过一个陡崖的时候，由于都是

战场上的王威（王威提供）

青苔岩石很滑，失手掉落悬崖，嘴唇裂开，肋骨被摔断。”

1985 年 8 月底路过老山侦察时，王威还与敌人有了一次“亲密接触”。那天，敌人炮击一停，山上翻过来四个人，看到王威他们之后一愣，然后硬着头皮假装边民往下走，“我当时怀疑是敌人的特工，便迎上去大喊一声，两人吓得直接跑了，另外一人被我一脚踢翻，当场擒拿俘虏，缴获梯恩梯炸药两袋。由于经验不足，把俘虏移交给了当地边防团。”王威说，“此事至今还在后悔，当时真应该带回师部处理。”

为了打好“9·23”战斗，王威提前三个月被调到敌人阵地对面开观察所。他开始每天像用针挑刺一样，一点一点地隔河侦察核对敌人的兵力部署、屯兵洞、哨位、火力点等。晴天敌人有时出来晒被子，通过仔细观察，王威可以推断出敌方的火力和人数，以及必须打掉的敌人火力点。然后，在地图上按照九宫格的布局，一帧一帧鉴别目标的真伪。敌人往往天蒙蒙亮才敢出洞，天黑才敢露头，王威天天盯着望远镜，眼睛肿成了一条缝。当天发现的敌人目标，当天交给军、师炮群清扫完毕。

在老山新新寨，有一天，王威不经意间发现对面敌人的 1081 山头上瞬间有道闪光，“这种折射光只有敌人指挥所的大倍率望远镜在阳光下才能反射出现，当时为能再捕捉到这个点，我用几天的时间盯着这个方向找，终于这个点几天后又一次发出折射光，我兴奋无比，迅速用激光测距仪和 40 倍望远镜锁定这个点。”敌人的重要目标找到了，但由于地形的原因，我军榴弹炮却“抠”不掉，这么重要的目标不打掉太可惜了，“在我的要求下，实在没办法了，那天炮团某连用加农炮当榴弹炮用，一边打一边抬高炮管修正参数，一发一发炮弹试射，终于拔掉了越军的这个指挥观察所，敌人死的死伤的伤，打瞎了当面之敌的‘眼睛’。”打掉这个点后，老山662.6高地新新寨一线前沿有很长一段时间再也没有遭受到越军炮击。

因为出色的战绩，王威在战斗中被火线提为排长，他被前线将士称赞为战场“千里眼”，这也让他在战场上率先荣立二等功，所在的观察所也被军里授予“最佳观察所”称号。

1986年，为了打好“1·28”战斗，王威所在的侦察连需要提前两天进入战场秘密潜伏，一是负责引领攻击分队冲击敌人高地，二是保障攻击分队进入两军接合部的沿途安全。出境时，他们用“捅条”一点点探路，先是扎出一只脚的脚窝，然后再扎出另一只脚的位置，就这样一步一步踏出前沿雷区。刚接近敌人高地，便发现两名越军特工，他们穿着我军衣服，为保障“1·28”战斗的胜利，大家都隐蔽起来，没敢暴露目标。

炮弹飞

1986年1月27日那天，为了拔点，王威带领侦察排正在接敌，突然越军炮弹嗖嗖地飞过来。为了减少伤亡，大家赶紧就地藏身。“我安排好全排人员，就再也找不到地方躲了，顿时周边就像翻江倒海，石头乱飞，大树都咔嚓咔嚓地倒下。”当时王威真是害怕极了，他的大脑在飞速转动，心想命就要交待在这里了，他唯一感到遗憾的是，临上战场前也没有给爸妈洗洗脚、端端水。

战场留影（王威提供）

说起这次遭遇炮击，王威直到今天仍心有余悸，“地都掀起来了，也就六七分钟的时间，地动山摇，天昏地暗，可以说头上没有一片树叶给我们遮挡，地下没有一个老鼠洞保护我们的脚趾。”炮声一停，王威立马恢复镇定，让各个班赶紧点名，幸运的是，如此猛烈的炮击之下居然没有伤亡，于是大家赶紧撤离。

之后，王威带领战士们来到黄泥坝陡崖上的小土坡躲藏，没想到刚趴下，就有一群越南特工从脚下经过，当时敌我直线距离不足两米，“我们迅速向上级报告情况，大家手扣扳机靠在一起，大气都不敢喘，敌我双方两支队伍的行动时间相差十几分钟，如果当时互相发现，就是一场遭遇战。”

踩地雷

1986 年 3 月 16 日，一个让王威终生难忘的日子，这一天，他失去了一条腿。

当天本来是执行一次潜伏任务，在潜伏了两天之后，敌人从前方过来。当时王威千叮咛万嘱咐，一定将敌人放近了再打，最好是阵前捕俘。当时树比较密，只能用枪不能投弹，因为一旦手榴弹弹回来大家全部完蛋，最终还是被迫开了火。战斗中，王威被地雷炸掉了左脚，“一下把我掀起来摔倒，就感觉像烧红的火棍往腿上一捅。”战友们赶紧抬着他往回撤，为了防止血凝成块，残腿每半小时放一次血。就这样，七八个小时后被抬回我军阵地包扎所时，王威出现了脑水肿、肺水肿、挤压综合征，情况越来越严重，只能被迫将伤腿截肢，紧急送往后方医院抢救。

“所有的任务都完成了，怎么能有炸断我腿的地雷。”王威说自己捡回一条命，是幸亏胸前一把被打弯的小钢叉，给自己挡了一发子弹。

到了昆明第 43 医院，医生本着先救命后治伤的原则开展救治，王威在医院昏迷了七天多，气管都切开了，“医生都打算给我拔管子，放弃治疗了，护士拔管子的时候说‘这么大的个子死了多可惜’，扒拉了一下我的头，发现我有了呼吸。”

命救过来了，但是只剩了一条腿。

迎新生

战后，王威被授予一等功，其事迹入选全军英模录及总参情报部战例选编，这似乎并没有带给他太多喜悦。战友父母从云南回来后，和王威的父母说了他负伤的情况，“父母来云南探望，当时我眼窝是干的，没有一滴眼泪，我觉着我的人生终结了。”

康复中的王威（王威提供）

在医院里，王威的心情低落到极点，但他有天看到一名受伤的战友正在一瘸一拐地锻炼，他一下醒悟了：“不甘心就此躺平，要重新燃起斗志。”就这样，他开始努力锻炼身体，重返老部队工作，后来又进入军校。在军校里，王威从来没有以一个残疾军人的身份来界定自己，他不居功、不居残、不叫苦，所有的训练都积极参与，晚上回去从假肢里面倒出血水。

由于身体原因，王威在业务上由军事干部改为政工干部，他也是全军唯一戴着假肢坚持工作三十年的基层干部，在2013年以正师级大校军衔退休。离开部队时，王威给组织提出的唯一要求就是请求部队给他做条新假肢。

看望牺牲战友的母亲（王威提供）

这些年，王威每当感觉委屈时，就会来到烈士的墓碑前诉说衷肠，“没有什么苦难不能克服，更没有过不去的坎。”退休后，王威的日常活动以参加志愿公益服务为主，他以“站着的老兵”身份去缅怀一同赶赴战场却未归的“躺着的老兵”，以自己的亲身经历去担负更多的社会责任，他说：“假如祖国需要，我愿意再次奔赴战场。”

采访结束时，王威说出了一个老兵的肺腑之言：“只有把个人理想与国家利益紧密联系在一起，人生才有价值，才会绽放光芒。”

这些年王威获得的荣誉（王威提供）

王威小传

王威，男，籍贯山东威海，1965年11月生，1982年10月入伍，中共党员。1985年参加老山对越防御作战，轮战中两次开设师对敌汉阳地区、黄泥坝地区侦察观察所，发现并引导炮兵摧毁敌炮兵阵地、暗堡、指挥所、弹药库500余个，为“9·23”战斗、“1·28”战斗中攻击分队扫清障碍、取得胜利、减小伤亡提供了坚强有力的保障。王威被前线将士誉为战场“千里眼”，其所在的观察所被军里授予“最佳观察所”荣誉称号。王威先后荣立二等功、一等功，火线提拔为排长。在整个防御作战中，他多次出色完成侦察作战任务。在战斗中，他的左脚被地雷炸掉，其作战事迹被收录在全军战例汇编及总参情报部英模集中。王威伤愈后重返部队，戴着一条假肢坚持在部队基层工作三十年，积极开展双拥工作，奉献国防，回报社会。先后十余次被济南市委、市政府表彰为“双拥模范先进个人”，授予“济南市荣誉市民”“山东省自强模范”称号。

第二十篇　一等功臣都昌林：入龙潭虎穴只身拔据点的孤胆英雄

都昌林（李培乐拍摄）

出身工人家庭的都昌林，在炮火中凭着勇敢坚毅和灵活的身手，只身炸掉敌人核心洞穴，为战斗趟开了胜利之路。近四十年过去了，那份记忆依然清晰而深刻。现担任山东省住房和城乡建设厅二级巡视员的都昌林直言，有一段时间他不愿意提及战争往事，但是后来在一次讲座中意识到，太多人已经不了解那段真实发生的历史，作为参与者，他有责任让更多的人知道那段真实的历史。

长了七斤肉，终于当了兵

1964 年，都昌林出生在安徽安庆。他父亲十六岁考入安庆车辆厂，凭着吃苦耐劳的精神，十九岁时光荣入党。后来，工厂因经营困难而倒闭，父亲回到了都昌林母亲所在的安庆郊区农村务农。但父亲不甘心一辈子务农，二十三岁时辞别了老婆孩子，穿上了军装。“母亲一人带着我，年幼时很少见到父亲。”但是，当兵的父亲却对他影响非常大，在父亲1971年退役后，都昌林最喜欢的事情就是听父亲谈论部队的种种过往。

在这样的平淡生活中，1981年都昌林高中毕业了。“当时正好工厂三年不招工，他就成了待业青年。”对于这样的状态，都昌林内心着急，思考来思考去，他决定去当兵，用他的话说，“唯一的出路就是当兵了。”

可是，当兵的路也不顺畅。由于家庭状况并不好，体格很弱的都昌林体重竟然达不到标准。“十七岁了，可是体重都到不了九十斤。”但这并没有打击到都昌林，他选择打工一年，决心明年再去验兵。1982年，长了七斤肉、身体更加结实的都昌林如愿接过了父亲手中的枪。

“钢铁连队”的新兵

体检通过后，都昌林离开安徽，来到了齐鲁大地，加入了有“钢铁连队”称谓的某部四连。这个英雄的连队曾经在解放战争中多次荣立大功，也参加过抗美援朝。

其实一开始，都昌林对自己在部队的发展并没有抱太大的期望，他最初的愿望就是当好三年兵，然后回家安排个工作，安安静静地过日子。但1984年9月份入党，渐渐成为连队骨干的他，在当年年底开始频繁听到关于要参战的消息。

就在参战的消息越来越多的时候，都昌林得到了难得的休假机会。指导员告诉他说：“要回家，就现在走吧，不然恐怕没机会了！”于是，他提着包就踏上了回家的路。对于可能的参战，他怕父母担心，一个字也没有透露，而弟弟妹妹因为当时太小，根本无法理解参战的概念。好在，他在打工的时候认识了一位女孩，“虽然没有挑明关系，但是我们关系很好，我在部队向她表明了爱意，当时她没有同意也没有拒绝，只说回来再说吧。”在无人倾诉的情况下，都昌林把自己可能参战的消息告诉了她，“主要是怕部队突然接到命令拉走的时候，可能连信也发不出去，若真是那样，她会想办法告诉我父母亲真相，并替我安慰我的父母。”

还没有来得及好好地陪伴父母，都昌林回家的第三天就接到了部队的电报，电文只有四个字：“见电速归”。那位女孩（现在的都昌林妻子）是善良的，更是善解人意的，知道都昌林要去前线，她不但没有对二人的关系迟疑和退缩，反而要求定下两人的终身大事，“我说参战风险很大，可能回不来，她在安庆火车站硬是塞给我省吃俭用攒下的四十元钱，并且告诉我，这钱是借的，回来要还给她。”尽管过去几十年了，但是说起这段经历，都昌林眼圈红了，“她是希望我带着希望去，带着希望回。”

父亲忠告“机灵点，多小心”

虽然相隔千里之遥，在交通极不方便的1985年，都昌林的父亲还是辗转赶到了儿子所在的部队，此时他早已知晓了一切，但作为一个老兵和老党员，他对儿子的参战理解并支持，虽然担心但是绝不拖儿子后腿，“打仗是军人不可避免的事情，机灵点，多小心。”带着父亲的嘱托，都昌林和战友登上了闷罐车，踏上了漫漫征程。

部队到了砚山后，此时的都昌林已经带着“既来之则安之”的心态，再也不考虑与战争无关的事情，全身心地投入了针对性的战前训练。在体能训练中，战士们表现出了高度的自觉，纷纷自我加压，到后来似乎都已经感觉不到身上武器的重量了。野外训练，一待两天，没有给养，就靠自己的野外生存能力。此时，都昌林已经担任了二班班长，他所在的班也成了名副其实的“尖刀班”。

1985 年 5 月 12 日，这一天都昌林提前上了战场，和南京军区的战友们办理交接事宜，学习他们的作战经验，虚心请教突发事件的处理措施。16 日，整个排都来到前线，都昌林所在的连驻守在松毛岭最前沿的九处阵地，最近的哨位距离敌人只有十几米，能清楚听到敌人的说话声和咳嗽声，气氛紧张到了极点。“大家一开始心都提到了嗓子眼，可以说草木皆兵，以至于听到点动静就扔手榴弹。”

短兵相接的战斗

1985 年 5 月 31 日，都昌林所在的部队迎来了第一次与越南军队的正面交战。当日凌晨 4 点多，天还黑黢黢的，阵地的哨兵借着微弱的光线发现有人影在缓慢靠近阵地，原来是敌人的小股部队打算偷袭。“不好，敌人摸上来了!”听到消息后，大家都打起了十二分的精神，我军的炮兵按照坐标对敌人进行了炮火覆盖，一下就把敌人打散了。在遭受炮火覆盖之后，敌人也进行了还击，坚守在左 2 号哨位的赵广来受伤了，“全身多处受伤，腿炸断了，手指也炸掉了。”即便变成了血人，这名来自山东邹城、1985 年才入伍的年轻战士依然战斗意志坚定，“大家打算想办法送他下去，可是由于战斗激烈，他坚决不同意，靠毅力在坚持着。”好不容易，军工冒着炮火来到了阵地准备送其去治疗，可是赵广来已经因为流血过多牺牲了。幸运的是，和都昌林一起坚守在全连最前沿 140 号阵地上的战友们没有伤亡，大家还全线出击，打退了敌人的进攻。

通过一次次的战斗，大家积累了经验，打出了信心，褪去了对战争的恐惧。同时，在“7·19”战斗中，虽然敌人主攻的方向在 111 号阵地，但都昌林他们的 140 号阵地也遭到敌人的佯攻，大家密切配合，在打退敌人佯攻的同时，对111号阵地进行了密集的火力支援，对战斗胜利发挥了积极作用。

猫耳洞的苦

说是阵地，其实就是猫耳洞。要说起猫耳洞的生活，岂止是一个“苦”字所能概括的！战士们常说：“在猫耳洞里待的96天，把这辈子的苦都吃完了。”具体讲就是危险、拥挤、潮湿、酷热、卫生条件差。“由于我们的防御前沿与敌人的阵地犬牙交错，最近的哨位与敌人阵地只有十几米远，稍有不慎，暴露了目标，随时都有遭敌直瞄火炮袭击的危险。”都昌林所在连队七班坚守在最前沿的左3号阵地，1985年7月10日，该班遭到敌人炮击，前一发炮弹把洞顶掀开，后一发炮弹直接落到洞内爆炸，造成了七班两死四重伤一轻伤的严重后果。所以说，前沿阵地的猫耳洞，虽然能起到一些防炮的作用，但如果被炮弹直接命中了，也是难保安全的。

前线的都昌林（都昌林提供）

都昌林所在班的那个猫耳洞是利用一条石缝改造而成的，只能待五六个人的洞，却挤进了九个人，坐着抬不起头，躺下伸不开腿。为了改善条件，在战斗的间隙，都昌林带领大家改造猫耳洞，让大家有了相对宽松的环境。进入雨季，洞里都比较潮湿，经常是外面大下，洞里小下，外面停下，洞里还嘀嗒。大家带上阵地的被子、褥子，踩在上面都能听到“滋啦”的水声，下阵地时被褥都烂了。“我们在前沿阵地的6、7、8三个月，正值高温，阵地表面达四十一二度，洞里也有三十八九度，高温加潮湿，洞内宛如蒸笼。”在这猫耳洞里，不仅仅是防炮火，吃喝拉撒都在这里，其卫生状况可想而知。正是这拥挤不堪、湿热难耐、蚊虫肆虐的环境，很多人被折磨得可以说是体无完肤，有的患了综合疲劳征、关节炎，有的被蚊虫叮咬后出现化脓感染，有的烂腋、烂裆，连衣服都没法穿。

由于表现突出，1985 年 6 月 13 日，都昌林担任了代理一排长。“当初进阵地时副连长就说过，我们守住阵地就完成了任务，力争不出现非战斗性减员，因此我每天都会叮嘱，晚上上哨绝不能睡觉，必须保持高度警惕。有一次，我到 3 号哨位查哨，我发现管宜常在上哨时打盹，就在他脸上轻轻打了一巴掌，说要是越军上来，你脑袋就没了。”就这样，虽然无数次短兵相接，无数次炮火连天，但在 96 天的坚守后，都昌林所在的 140 号阵地驻防的全班无一伤亡，顺利撤出了阵地。为此，都昌林荣立二等功一次。

突击队的血战

撤出前沿阵地后，休整了半个月。都昌林所在的连队又接受了对敌 405 号阵地发起出击拔点战斗的任务。这次他们即将迎来一场最悲壮、最激烈的战斗。敌 405 号阵地是插在我军松毛岭和那拉口方向的一根楔子，敌人利用它作为依托，经常对我前沿阵地进行偷袭和袭扰，特别是狙击手封锁我百米生死线，给我军造成了很大的伤亡。

为了稳定我军防御态势，上级决定拔掉这根楔子，并把这项任务交给了都昌林所在的四连。接受任务以后，连队迅速制定作战方案，决心编成四个突击队，从西、北两个方向，呈两个梯队向敌 405 高地发起攻击。“我们一排为第三突击队，我为队长，作为西路主攻方向的二梯队。”11 月 29 日，部队进入集结地域，在敌 405 高地周围潜伏了两天，等待战机。12 月 2 日早上 7 点 30 分，战斗打响。顷刻间我军万炮齐发，敌 405 高地及周围的附属阵地都笼罩在硝烟与火海当中。三分钟以后，炮火向敌纵深转移，第一、第二突击队迅速向敌405高地发起冲击，仅用七分钟就占领了表面阵地，接着就转入了搜剿打洞。

遭受重大打击的越军也用他们自己的炮火对405高地进行反覆盖。由于洞还没拿下，在阵地表面的第一、第二突击队的战士们无处藏身，伤亡比较大，突击力量明显减弱。到8时16分，都昌林的第三突击队接到了加入战斗的命令。

当年真实的战场（都昌林提供）

出了洞口，在给三个班长明确了各班的任务和目标之后，都昌林率先冲过了敌人的机枪火力封锁区，从4号洞附近直插高地顶端，跟在其后面的还有报话员马明举和三班的盛荣生。当他们接近山顶时，突然看到山顶的一块大石头前坐着一个人，就停下想看看是谁。就在他们迟疑的片刻，从电台里听到副连长梁岭在喊："410，410，赶快找地方防炮，太危险！太危险！"

都昌林看到周围炮火真的很密集，就向顶端冲了过去。到了大石头近处一看，那个人身上贴着白色胶布，知道这是自己的战友牺牲在了这里，"他的前额被弹片划开，脑浆和血遮住了脸颊。我上去将他的前额恢复上去，才辨认出是八班的新战士陈学常，当时才十七岁。牺牲时，冲锋枪还紧紧握在手上。"看到战友牺牲的惨状，更加激起了他们对敌人的仇恨。到了顶端，都昌林让盛荣生占领了两块巨石之间的缝隙，观察敌人的动向。随后，就用电台联系三个班长，可喊了半天，谁也联系不上。这时，就听到盛荣生报告："排长，在307方向有三十多名越军向这边机动。"都昌林赶紧用电台向连指挥所报告，并不断指示着炮火拦截反扑之敌。敌人不断组织兵力进行反冲击，企图乘我军立足未稳之际，和洞内之敌里应外合，夺回阵地。正是由于都昌林他们占领了山顶的有利位置，炮兵有了指引，对敌人进行了有效的拦阻，敌人的企图才没有得逞。

只身闯“虎穴”

就在都昌林指示着炮兵抗击敌人七次反扑的时候，他所在排突击队三个班的战友们和第一、第二突击队的部分战友密切配合，相继拿下了整个阵地八个洞穴中的七个，就剩一个5号洞迟迟没有拿下。当时，为打下这个5号洞，已经有七名同志牺牲在5号洞口下面，其中就包括都昌林的继任、二班班长胡化坤。

战至11点45分，副连长梁岭带着他的通信员和报话员，从左8号洞机动到405高地，到顶端与都昌林汇合了。他见到都昌林说的第一句话就是：“一排长，你带他们把山顶守住，我去把5号洞炸掉!”都昌林一听急了，赶紧说炸5号洞就应该他去。梁岭说：“你去不行，还是我去!”都昌林说：“你去更不行，你是副连长，阵地上指挥不能没有你。”就这样，谁也说服不了谁，最后只好采取折中的办法，“这样，我俩一起下去，山顶这里叫盛荣生负责。”

就在两人整理装具准备下去的时候，梁岭看到山顶东侧有两个越军哨位，问那两个哨位是什么情况，搜了吗，听到还没有搜索之后，梁岭决定下去炸洞之前先搜一搜。说着，他就从挎包里拿了两块梯恩梯炸药块，向那两个哨位摸去。这时，都昌林没跟他打招呼，就自己下到5号洞去了。

5号洞，战前我军曾多次抵近侦察过。洞口在半山腰，呈喇叭口状，正对着左8号洞，在喇叭口的下面是个三米左右的崖壁。都昌林下到半山腰的5号洞附近，靠在一块石壁上搜寻着5号洞口，可没找到。当时他以为洞口被直瞄火炮打塌了，就用电台和连指挥所联系：“我已经到了5号洞附近，但找不着洞口，是不是被炮火炸塌了?”听到连长在电台里喊：“410，你一定要注意（安全），再仔细找找。”这时听到下面有人喊："5 号洞就在上面，刚才越军还在向外扔手雷呢！"原来就在都昌林下面的 8 号洞里，有我军的 7 名受伤战士在里面。听到这，都昌林知道洞口离他并不远，于是又搜寻了一遍，还是没看到洞口，但上面崖壁上伸出的一块大石头引起了他的注意。他慢慢贴到大石头后面，向上探头一看，一个三角形的洞口就在大石头上面。

发现洞口后，都昌林缩下身子，从挎包里拿了两块梯恩梯炸药块，同时拉响后向洞里扔了进去，只听"轰、轰"两声巨响，然后他乘着烟幕爬上大石头，端着枪对洞口里就是一阵扫射。身形灵活的都昌林当时就像是猿猴一样，猫着腰一头钻了进去。进到里面七八米，很暗，什么也看不见，他贴着洞壁稍一停顿，让眼睛适应一下，借着洞口的一点亮光，看清了洞里的轮廓。

一颗子弹擦着头皮而过

5 号洞里面比较大，人都能直起腰来。看到对面的石壁上还有一个洞口，都昌林拉开一个梯恩梯炸药块，向那个洞口里扔了进去。"轰"的一声，整个洞里再次被烟雾弥漫住了，都昌林自己也被烟呛得喘不过气来，就又退到洞口外面喘了口气，吐出来的唾沫和墨汁一样漆黑。出了洞口，他就趴在洞口的大石头上，用枪口对着洞口里面，"如果有人敢露头，我就揍他。"当时，他摸了摸挎包，发现炸药块没了，赶紧用电台和连指挥所联系："241，5 号洞我找到了，也进去炸了，里面还没搜完，请求派个人给我送点炸药上来。"连长说："好，你注意安全，我马上派人上去！"

这时，在下面 8 号洞里的战友听到都昌林向连长求援，一班长陈光和六班长沈良江两人都冲了出来。但他们俩都受了伤，要从那 3 米多高的崖壁上爬上来很是困难：六班长右胳膊受了重伤，爬崖壁爬了两次都滑了下去；一班长的伤稍轻一点，伤在脚掌的后半部，顺利爬了上来。“我让六班长还回到 8 号洞，把同志们组织好。一班长由于上来得比较急，除了拿了支枪以外，什么也没带上来。”都昌林知道在洞口等炸药是非常危险的，就和一班长说：“我们俩再进去把里面那个洞搜一搜！”一班长说：“好！”就这样，都昌林在前，陈光在后，第二次进洞里搜剿，可就在他们刚进去两三米，发现中间有一块稍大一点的石头，在石头的左边伸着一只脚丫子。再从那石头上往里一看，有个越军，光着膀子，斜躺在那里，一只胳膊还一动一动的，“他还活着”，紧接着都昌林的枪口就怼了上去，同时脑子里又闪出了“抓活的”的念头，又把枪口往下压了压，在那个敌人腿上打了一个点射，枪一扔就扑了上去。“我摁住了正在动的手，再伸手去抓另一只手时，才发现这左胳膊从大臂上端就断掉了，伤势比较重，已经没什么反抗力了。”但毕竟敌人还没死，都昌林让一班长拿绳子，可没有绳子，只好将他自己的一条绑腿解了一条下来，俩人一起将敌人一只手夹在两腿之间，一把捆了起来。

接着，他们向连指挥所报告：“我们抓到一只老鼠（俘虏）。”就听到连长在电台里喊：“好，你们把他看住，我马上派人上去把他弄下来！”这时，都昌林让一班长看住敌人，自己再去把里面那个洞搜一搜。就在他把身上的装具往后整了整，正准备往里钻时，只听左后侧“叭”的一声枪响，子弹从头顶飞过，打在右边的石头壁上。都昌林一下卧倒在洞口一侧，朝左后侧一看，在他左后上方还有一个洞，洞口离他所站的底平面有近两米高，这一枪就是从那里打出来的。他慢慢接近到那个洞口下面，拉开一个手雷就扔了进去。爆炸的烟雾还没散开，他就蹬在石头上，端起枪就是一个长点射。打完了，他又卧倒在洞口下面。停了一会，听到上面没有什么动静了，他踩着石头慢慢爬上去一看，上面有四具尸体，都已经不喘气了，就继续搜剿里面那个洞。

端掉敌人的“洞中洞”

都昌林挤进去不到两米，发现洞里分成左、右两个岔道，向左是个漏斗形的，下去两三米就自然封底了；向右朝下还有一个很深的洞，里面光线很暗。他背贴着左边的洞壁，边探边向里摸，大约进到十多米，看到左上方射进一束亮光，判断这里可能有个洞口。都昌林再仔细听听，上面还有人小声说话，但听不懂说什么。他又向前摸了两步，到了拐角处，感觉到离洞口不远了，就又拉了个手雷朝洞口扔过去。随着爆炸声响起，他还听到“啊”的一声，他右脚一步跨过去，端起枪对着洞口就是一阵扫射，接着又回到拐角处听听动静。停了一会，已经没什么反应了，都昌林便小心翼翼地接近到洞口，发现里面有两名越军都咽气了，其中一个后背上被炸了个大窟窿，血肉溅了一地。

都昌林向洞口外探头看了看，见对面就是八里河东山。原来这里是越军利用这个洞口改造而成的一个哨位，哨位上还有挺轻机枪。找到这个洞口，也就标志着搜剿5号洞的战斗结束了。都昌林回过头，把洞里又认真搜索了一遍，发现洞里共有八具越军尸体，并搜出六支冲锋枪、一挺轻机枪、两具火箭筒、两具掷弹筒、一部电台、一具8倍红外望远镜，还有一些衣物等。在缴获的这些武器中，除了一支冲锋枪和两具掷弹筒外，其他武器全都和都昌林他们手上的武器一样一样的。

“看到这里，真是肺都气炸了！这都是我们捐给他们的武器，从中也能看出敌方忘恩负义的丑恶嘴脸。”搜索完毕，没有发现可疑情况，他就来到一班长那里，一班长说：“抓住的那个家伙已经不行了！”不一会儿那个越军俘虏就咽了气。

随后，都昌林用电台向连指挥所报告：“5号洞已搜剿完毕！老鼠也不行了！”只听到连长的声音很低沉：“410，410，副连长梁岭已牺牲，现在由你代理副连长，赶快把同志们组织起来，做好抗击敌人反扑的准备!”听到这，都昌林和一班长一下都懵了，不禁掉下了眼泪，同时也感觉到自己身上的压力更大了。都昌林把在阵地上的人员清点了一下，编成了三个战斗小组，分别负责坚守405高地、302高地和301高地，做好抗击敌人反扑的准备。到晚上6点左右，从五连又补充十一个人到405高地以加强防御力量。为了让大家发现敌人的进攻，当时一分钟一发照明弹，让黑夜如昼。在上级炮火的支援下，他们在一昼夜中共抗击了敌人规模大小不等的反扑十余次。到3日早上7点钟，炮火突然停了下来，阵地上一下安静了，“静得吓人，毛骨悚然，真是大气都不敢喘。”为了打好这场残酷的战斗，都昌林他们两天两夜都没有吃东西。

捡回一条命

前线庆功（都昌林提供）

到12月3日下午6点左右，在抗击敌人反扑的战斗中，都昌林的头部不幸中弹。瞬间，鲜血就顺着头发流下来，战友们用两个急救包都止不住血。两位战友一个推着一个拉着，才将都昌林送往连指挥所。在看到连长的时候，他本想和连长交代一下，可是两眼一黑就倒了下去，休克了。连指导员和战友轮流背着他往后方抢送。在143号阵地碰到了徐国光，他是都昌林的老乡，指导员感觉到都昌林的伤势比较重，就将都昌林手腕上的手表摘下来递给了徐国光。听说都昌林伤势严重后，部队首长下了命令：“不惜一切代价把都昌林抢救过来。”就这样，八名军工将担架举过头顶，通过战壕的拐弯处，将他送到了营救护所。“当时血压和脉搏都测不到了，医生给我用了强心针，专车送到师医院，连夜做了手术，医生说晚下来二十分钟，我就完了。”到了 4 日早上，都昌林醒了过来，睁开眼，就看到床头墙上的标语“为祖国流血，无上光荣”。这场出击拔点战斗，都昌林的 15 名战友再也没有回来；117 名突击队员中，只有 16 人没有受伤，可见战斗之惨烈。

都昌林康复后回到连队，依然是一个班一顶帐篷，床铺犹在，可有的人已经永远回不来了，大家曾经都一个锅里搅勺子，转眼就是阴阳两隔，他情绪很难平复。

副连长梁岭牺牲的前后过程，都昌林是伤愈回到连队后才了解的。原来，当时梁岭在搜寻哨位的时候，一发炮弹正好落在那里，他和报话员同时都受伤了。梁岭顾不上自己的伤痛，用自己的急救包为报话员包扎，并将报话员转移到安全位置，此时，敌人的重机枪射来罪恶的子弹，梁岭副连长胸部连中三发子弹，牺牲在山顶。当战友们把梁岭的遗体从阵地上抢下来时，连长从他的左上衣口袋里发现了一个被血浸透并留有一个半弹孔的小笔记本，在小本的第一页上只写了这样一句话：“祖国，我的一切一切都是属于您的!”在场的战友看到此情景，无不失声痛哭。

活下来的都昌林荣立一等功，被中央军委授予“战斗英雄”称号，荣获这个称号的，当时整个济南军区只有五人。

看到立功，家人担心了

战斗英雄，一战成名。当时，各大媒体对都昌林的事迹进行了报道，包括家乡的《安庆日报》也进行了转载。“别人看到我立功，都很激动，可是我的父母却急得不行。”

接到父亲的来信，都昌林为了打消老人的担心，就特意拍了一张全身照片随信寄出。可是没想到老人还是照样担心，“当时拍照时，倒背着手，老人就觉着我的手是不是没有了。”

为了打消老人的担心和疑虑，都昌林找到政委说：“我要回趟家，哪怕见一面就回来也行。”终于，他踏上了回家的路，这一路上他的心早已飞回了家里。虽然设想了无数种画面，但是看到母亲头发白了一半时，他眼里打转的泪水再也忍不住了，只要自己在前线，父母的心就一直悬着，内心就一直忧虑着。

“虽然现在说起来风轻云淡，但是当时那种情绪别人理解不了。”不过都昌林说，当兵赶上打仗，这也是命中注定，军人就是为打仗而生，“战斗英雄”对他来说意味着荣誉，更是责任。“虽然荣誉的光环笼罩在我头上，但我心里最明白它不属于我，它属于我们全连的战友，属于这个英雄的集体。所以参战回来这么多年，我从来不敢拿这荣誉当作自己炫耀的资本，相反，它一直是激励我干好工作的动力。”

都昌林戎装照（都昌林提供）

凭着战功，都昌林和其他几名战士进入济南陆军学院学习，当时济南陆军学院专门为他们设置了一个队，名叫“功臣队”。毕业后，都昌林雄心勃勃，立志要在部队一展身手。就这样，他在部队工作了三十年，从士兵到副师级干部，前后在十五个岗位上工作过。

2012年，都昌林从枣庄军分区副政委岗位上转业，来到山东省住房和城乡建设厅工作。有了部队的经历，让他对个人进退更是看得风轻云淡，凡事都看得开，也顶得上，现在他担任该厅二级巡视员。都昌林说，他们连队的二十位烈士分别来自山东、江苏、安徽三省十四县（市、区）。目前，战友的父母还健在的年龄也都在八十岁以上了，于是都昌林和老连长发起成立了全连参战战友基金会，每年委托当地战友代表全连战友定期看望慰问烈士父母，“烈士为国家尽忠，我们替烈士尽孝。”其中一位济南籍烈士的母亲，都昌林经常带着爱人、孩子去看望，待老人如自己的母亲，“现在我到家里不在那里吃饭，老人都不愿意。”

都昌林小传

都昌林，男，安徽省安庆市人。1982 年 11 月入伍，1983 年 12 月担任班长，1984 年 9 月入党，1985 年 3 月至 1986 年 6 月，随所在部队参加了老山地区对越防御作战。在防御战斗中被破格提升为排长，在进攻战斗中担任突击队长，在副连长梁岭牺牲的情况下，代理副连长指挥战斗，胜利夺取敌 405 高地。先后荣立二等功、一等功各一次，1986 年 5 月被中央军委授予“战斗英雄”荣誉称号。

战斗结束回原部队后，他先后担任副连长、连指导员、保卫股长、政治处副主任、营教导员、团副政委、师政治部副主任、团政委、军分区副政委等职。他始终珍惜荣誉，谦虚谨慎，严于律己，扎实工作，先后两次荣立三等功。1989 年 9 月，他光荣地出席了“全国劳动模范和先进工作者代表大会”，并参加了建国四十周年国庆观礼。1997 年 9 月，他当选为党的十五大代表，出席了中国共产党第十五次全国代表大会。2008 年 12 月，被《解放军报》评选为“与时代同行——改革开放 30 年军营新闻人物”。

2012 年 11 月，他从枣庄军分区副政委（副师级）岗位上转业，被安置到山东省建筑工程管理局任副局长，现任山东省住房和城乡建设厅二级巡视员。到地方工作后，他始终保持部队的光荣传统和作风，退役不褪色，转业不转志，积极工作，勇于担当。特别是新冠疫情期间，他曾三次参加山东省“四进”工作队，一次参加“加强农村党组织建设工作队”，连续三年被评为“优秀公务员”，两次荣立三等功。

外一篇 亓树杰政委：

脚一踏上战场就忘掉了一切，枪一响就淡化了生死

现在的亓树杰（李培乐摄）

历史滚滚向前，一眨眼四十年了，可对于亓树杰来说，战场上的一幕幕仿佛发生在昨天，甚至就在眼前，“忘不掉，永远忘不掉。”直到现在，他依然不愿意过多地去回忆，只有和战友们在一起时，他才会偶尔回到那段血与火的岁月。他说，每次回忆起来，心里就不是滋味。前文提到的都昌林等当时都是亓树杰团里的功臣，对于战场的整体情况，亓树杰最有发言权。

一生最危险最艰苦的岁月，也是最荣耀的时刻

亓树杰现在居住在济南市莱芜区，穿着朴素，性格爽朗。在邻居的眼里，他就是一个和气的“老头”。可是不少邻居不知道的是，他是战场归来的功臣，他是经历过血与火的勇士。说起参加过的对越防御作战，他声音低沉：“忘不掉，一辈子都忘不掉。”性格爽朗的他，只要提起战场便会沉默，眼睛里噙满泪水，“那是我一生最危险、最艰苦的岁月，也是最荣耀的时刻。”

亓树杰（右二）在前线（李培乐翻拍）

他说，在战友们的多次鼓励下，他试着写下了当年的种种，“很多的章节，是我流着眼泪写完的。”一想到失去的战友，他内心仍然十分难受。作为一名团政委，在血与火的战场上，最难受的就是听到有战友阵亡的报告。

“我永远忘不了，一位老大娘说，你们回来了很好，有的人没有回来吧。”这一句话，让亓树杰双眼模糊。随后的岁月里，只要想起牺牲的战友，他就忍不住流泪。他说，战争是残酷的，只有经历过的人才

能体会那种战友生离死别的锥心之痛。

黑屋子、土台子，里面坐着一群泥孩子

1946年12月25日，亓树杰出生在莱芜杨庄镇杨庄村。作为一个贫下中农家庭里的第二个男孩，他从出生起就在忍受着饥饿，在记忆里，树叶、地瓜叶都成为果腹之物。但即便如此，亓树杰还是坚持读书。当时，一个屋子里有四个不同的年级，就一个老师，很多同学只能找一片破瓦片当石板写字。对于学校的记忆，他这样描述："黑屋子、土台子，里面坐着一群泥孩子。"条件虽苦，但正是这段学习时光，成就了后来的亓树杰。

在这样的状况下，亓树杰完成了初小四年、高小两年、初中三年的学业生活。初中毕业后，没能继续学业的他，开始思索自己的人生路径。1963年，向人民解放军学习的热潮兴起，亓树杰也更多地了解了部队，内心埋下了当兵的种子。当1964年招兵的工作人员来到村里时，他就第一个报了名。

"部队里苦不说，吃得真好！"

作为农家孩子，没有吃不了的苦。入伍后，亓树杰随着部队到了青岛，开启了严格的训练。冬天，再冷也要外出训练，五点天不亮，他们就已经集合起来卧冰踏雪，经受耐寒训练。每周一次紧急集合，往往就是打起背包，一下就是十几里地的长途奔袭。他记得，负重是47.5斤，包含手榴弹、水壶、枪支等物品。

投手榴弹，30米及格，40米良好，50米优秀……为了练到优秀，胳膊都甩肿了。一聊起当年的军事训练，亓树杰如数家珍，没有丝毫抱怨训练的艰苦，反而很感谢当年的训练给了自己的身体一个好底子。

更让他印象深刻的是部队的伙食，“吃得好，感受非常强，到部队后是我人生中第一次吃大米。”

亓树杰喜欢写作，在部队这一爱好得以发挥。新兵连里，他就成了连队文书。后来，在连里做黑板报被营长相中，到了营里，后来凭着《前卫报》上屡屡上版的文章，又被调到团机关，最终一路调到师政治部。“感谢部队栽培，我们营长参加过抗美援朝，给我们讲他抓俘虏的惊心动魄，我就写成文章投到《前卫报》，没想到发表了。”

1800 多封决心书和血书，“没一个熊包”

1984 年 10 月，亓树杰离开机关，来到某团担任政委。“我当时问首长，是不是让我去带兵打仗，他说就是。”带着这份责任，在 1985 年，他和全团登上了闷罐车，汽笛鸣起，他们一路来到昆明。“没有一个熊包，大家积极参加战前训练，我们全团决心书和血书收了 1800 多封。”

虽然开始的时候，大家难免还是有一些紧张，但是上了战场就没有任何恐慌和紧张了，亓树杰总结说：“脚一踏上战场就忘掉了一切，枪一响就淡化了生死。”

他清晰记得四连的徐国光，为了争当突击队员，闹着出院。当徐国光来到昆明空军医院门口时，碰上了来看望自己的妈妈和哥哥，第一句话就是“你们快回去，别影响我回部队”。坐了四天四夜的火车来到昆明的徐国光妈妈和哥哥，结果一见面就被撵着回家。最后，一家人照了一张照片就分开了，“他没有和妈妈说再见，一路上眼睛红红的，因为他知道可能再也见不着了。”亓树杰当时听到徐国光的事迹很感动，就写下了《再见吧，妈妈》。幸运的是，徐国光参加突击队执行任务只是受了轻伤，并且荣立了一等功。

现在看到晚霞，还会想起当年的红色天空

前线战士留影（李培乐翻拍）

说起战场，亓树杰说，那就是一个大型的“施工现场”，也可以说是“采石场”，漫天的炮火堪比最锐利的铁镐，一块块的巨石变得龇牙咧嘴，秀美的热带雨林变身白花花的乱石岗。现在看到晚霞，亓树杰还时常想起战场上的红色天空，那嗖嗖飞过的炮弹，那震耳欲聋的爆炸声经常整夜整夜地响个不停。在这样的生死场二百多天，亓树杰说基本把一辈子的苦都吃完了。

在前线，供应充足的哨位“吃不下”，而大部分阵地是供应不上，也就是“吃不上”。“吃的基本都是压缩类食物，压缩干粮、罐头等。”他在团部供应还是比较充足的，相对于前沿哨所的战士来说，条件要好很多。

到火葬场取战友骨灰，捡出十四块弹片

作为团政委，他和团长要根据战场的全局，根据战场的需要挑选队伍参战。1985年的8月份，前线决定要攻打敌405号阵地，他们决定让四连担任主攻。为何选择四连呢？亓树杰说，因为四连有光荣的历史传统，打过很多硬仗，有传承。“这个连队在解放战争中多次立大功，被称为‘钢铁四连’；这个连队善于啃硬骨头，训练严格，干部作战能力突出。”

战场的残酷：水被血染红了（李培乐翻拍）

定下主力后，部队开始做充分的准备工作，了解敌军作战素养状况，还要摸清地形地貌以及敌人兵力部署，同时还要侦察清楚周围火力的配置。

一切准备就绪后，1985 年 12 月 2 日战斗打响，猛烈的炮火覆盖后，突击队开始冲锋。四连副连长梁岭一进入阵地，炮弹就在他身旁爆炸，弹片钻进他的腿里，他就把弹片包在绷带里继续战斗，后来肩膀又被子弹打穿，但他依然继续奋战在炮火中。当他登上敌 405 号阵地后，一排子弹射来，在他腰部留下几个血窟窿，他高大的身躯已经无法站立。这时，一发炮弹在他右侧爆炸，他的头部、背部都被炸伤，就这样，梁岭副连长壮烈牺牲。

“我到火葬场送烈士骨灰返回故乡时，火葬场的工作人员告诉我，在他的身上捡出了十四块弹片。”后来，梁岭被评为二级战斗英雄。

后来，亓树杰曾对同样是四连战斗英雄的都昌林说：“在我心目中，梁岭如果不牺牲，以后的发展会在你我之上。”他说，梁岭是他见过的最优秀的指挥员和战斗员，“在我心中，当时就觉着一颗将星陨落了。”

战场不忘音乐和生活（李培乐翻拍）

上去211高地1号哨位的，没有一个囫囵下来的

战场的惨烈，往往让经历过的人不愿意提起，因为不敢去想那些曾经鲜活的战友。在亓树杰的记忆里，211高地也是个难以跨越的坎。当时211高地上总共有三个哨位，1号哨位三个人，2号哨位四五个人，位于山脚下的3号哨位七八个人，这些哨位基本都是不规则的水溶洞。

难得的家书（李培乐翻拍）

211 高地几乎天天都有人牺牲。“高地周围，一天要落下二三百吨的炮弹，我们死守，敌军拼命想夺回去。就这样，这个高地就像是一台绞肉机，天天吞噬着双方军人的生命，57 天的时间，七连十五个人牺牲，伤的就更多了。”亓树杰说，特别是 1 号哨位，上去几乎就没有囫囵下来的，下来的非阵亡即重伤。

“有一个代理班长叫刘国庆，他多少会点功夫，身体灵活。到了前线看到炮弹打得邪乎，就跳出洞去，把敌人的火力往自己身上引。尽管身体灵活，但坚持了一会儿后，他还是牺牲在敌人的炮火下。还有顾立伟，上战场前说‘假如我负伤了，千万别让别人去救我，不能为了我再搭上一个人’。当时听了顾立伟这句话，副连长气得大手一甩，说‘不会说人话别说，上去是打仗的，不是送死的，都给我安安全全回来’。三连连长田传贝也牺牲在战场上。”亓树杰说，“在前线，每天的心情都很沉重。”

战前满载而去，归来时不少车却空了

经历了战场上血与火的考验，1986 年 6 月，亓树杰所在的团回到驻地章丘。当时，地方上组织了盛大的欢迎仪式。“看到老百姓像过节一样欢迎我们，其实心情很沉重。”亓树杰说，当时整个团牺牲了九十多人，住院的有四五百人，所以很多车都空着。

一位老大娘走上前，拍着亓树杰乘坐的敞篷车，嘴里喃喃自语说：“你们回来了，好呀！是不是很多孩子没有回来呀！”说完，老大娘伤心地看着后边空荡荡的车辆。这一句话让亓树杰的情绪瞬间就控制不住了，他再也忍不住，“泪水一下就出来了。”现在的他回想起来，依然热泪盈眶。他说，听了老大娘的话，他当时整个眼前都像是蒙上了一层纱，再也看不清欢迎的人群，而这个记忆也永远留在了他的脑海里。“不说了，不说了。”说到这里，亓树杰眼眶湿润，连连摆着手说道。

亓树杰接见慰问团（李培乐翻拍）

从部队退役后，亓树杰担任过莱芜建委副主任，曾经主持规划过钢城大街。现在的他，更愿意含饴弄孙，他内心期盼子孙的世界能少些血与火的战争，而多一份安与乐的和平。

亓树杰小传

亓树杰，男，1946 年 12 月 25 日出生在莱芜杨庄镇杨庄村。1964 年 12 月入伍，在部队先后担任过班长、排长、干事、副科长、科长、团政委，1985 年 3 月至 1986 年 6 月参加老山地区边境防御作战，所在的团荣立集体二等功。后转业至莱芜市建委任副主任，目前已经退休。

后　记

本书的问世，倾注了太多的情感和心血，从有想法到成为现实更是一波三折，初衷只有一个，就是想让英雄们重新走进大家的视野。好在，破万里云雾终见青山，有志者事竟成，感谢成书过程中所有提供过帮助的有爱心的人们。

本书采用纪实文学的方式，穿过历史的硝烟和记忆，详细刻画了二十位荣立一等功的功臣的人生历程、战斗经历、家国情怀，是一本记录英雄、致敬英雄的徐徐展开的画卷。

为了挖掘英雄背后的故事，笔者历时一年多寻访采访，他们中有将军，有教授，有自主创业者，有下岗工人；有步兵，有炮兵，有侦察兵，有通信兵，还有狙击手等；虽然人生境遇不同，但都是响当当的英雄人物。这二十人中，包括韦昌进将军（八一勋章获得者），包括战斗英雄都昌林，大部分人都是经历过血与火的战场，都是在枪林弹雨和漫天炮火中，用鲜血和汗水铸就了闪光的一等功奖章。

他们中，有人为了保护军事地图纵身跳崖；有人用精准的狙击让敌人胆寒；有人在侦察中手刃敌人；有人是敢死队员，不畏牺牲夺取敌人阵地；有人一天三次受伤仍坚守阵地；有人受伤后呼叫炮火“向我开炮”；等等。这些功臣的故事，大多数是第一次完整呈现在世人面前，还有很多珍贵的图片，共同刻画出了一群时代的英雄。

习近平总书记指出：“一个有希望的民族不能没有英雄，一个有前途的国家不能没有先锋。”英雄的光荣事迹和伟大人格，是时代的宝贵财富，更是一个民族和国家的精神脊梁。

这些一等功臣中，最年长的九十七岁，最年轻的也已经五十六岁。在立功后，他们有的继续在军队服役，有的退役到地方。不管到了哪里，他们都没有躺在一等功的功劳簿上睡大觉，而是继续拼搏，用火一样的热情续写生命的传奇。一等功臣王威在失去一条腿后，在训练场上不提任何要求，晚上自己默默倒出假肢里的血水；一等功臣宫维权在保送军校后，第一次考试物理只得13分，通过像攻取山头一样的韧性，最终在军校因为学习成绩拿到了三等功；像这样的例子还有很多。他们中，有的人尽管遭遇变故，但是依然热爱生活、感恩生活，王兆强说："不为荣立一等功而荣耀，只为能活着回来而庆幸。"踏上战场，也让英雄们更懂得感恩，凌晨回到家哽咽到失声的王龙川，看到母亲天天磕头膝盖乌黑，顿时热泪横流。无一例外的是，对于长眠的战友们，英雄们竭尽所能为烈士尽孝。他们的故事，在平凡中让人感动，在感动中让人落泪，他们才是我们这个时代应该追的星。

党的十九大报告提出，让军人成为全社会尊崇的职业，全社会的拥军气氛也逐渐高涨。特别是自2018年成立退役军人事务部以来，国家开始大力倡导宣传典型、树立典型，让军人获得应有的荣光与敬重。本书适逢其时，挖掘英雄的事迹，通过他们的风云人生传递英雄情怀。相信本书的出版可以向全社会传递正能量，给这个时代注入英雄之气、浩然之气。

在此，笔者要感谢所在单位，单位的媒体优势和领导支持是我能够将此事做下去的基础；同时，要感谢济南市相关的退役军人部门工作人员，是他们在百忙之中向我提供了书中各位英雄的联系方式，才让我能在千万人口的城市中一一找到他们；更要感谢各位英雄，感谢他们敞开心扉，毫无保留地讲述了自己平凡而伟大的人生历程；还要感谢一路走来那些支持的眼神和鼓励的话语，大家帮着出主意、想点子，让我一路前行；最后，一定要感谢我的家人，是他们殷切的期待、温情的鼓励、无私的帮助，才让我这本书最终得以面世。

由于历史跨度大、资料短缺，再加上本人能力有限，书中难免会挂一漏万，不当之处希望各位读者批评指正。

李培乐

2024年6月